DE MAO A LA NUEVA RUTA DE LA SEDA

EL CAMINO DE CHINA AL LIDERAZGO MUNDIAL

CLAUDIA RUIZ ARRIOLA

© 2019, Claudia Ruiz Arriola

Reservados Todos los Derechos de Ley

Foto de Portada:

© Koydesign

Depositphotos

ISBN: B07VHJLC6L

ASIN: 1072187043

CONTENIDO

Introducción / VIII
  1. Cien Años de Humillación / 1
  2. República y Revolución /13
  3. Guerra Civil y Triunfo Comunista /23
  4. La Época de Mao Zedong / 33
  5. Deng Xiaoping y la Segunda Revolución /51
  6. La Nueva Ruta de la Seda /75
  7. El Sueño de una Nación Fuerte /101
Epílogo: America First y Fin del Soft Power /115
Bibliografía
Tras Bambalinas
Para Saber Más

Al Dr. Juan de la Borbolla Rivero

Mentor Extraordinario que me introdujo al fascinante campo de la Geopolítica y me enseñó con su ejemplo que el rigor, la sencillez y el humor no se excluyen mutuamente.

"Cuando soplan los vientos del cambio, algunos construyen muros; otros, molinos de viento".

Proverbio Chino

INTRODUCCIÓN

"Ojalá se te conceda vivir en tiempos interesantes". Este dicho que los chinos han repetido a lo largo de los siglos, es una maldición. En definitiva, los tiempos geopolíticamente interesantes son épocas de guerras, roces, desavenencias políticas y conflictos militares.

Hoy el mundo vive tiempos interesantes y, por tanto, peligrosos. En nuestros días, la balanza del poder económico se aleja cada vez más de las costas del Océano Atlántico y se desplaza imperceptible pero irrevocablemente al Océano Pacífico donde están las 10 economías más vibrantes y los mercados de mayor crecimiento.

Aunque las bibliografías "Made in USA" no se cansen de negarlo, hoy asistimos al ocaso del poder Occidental y al amanecer de un mundo donde el "fabuloso Oriente" vuelve a dominar las discusiones culturales, las iniciativas económicas y las decisiones de poder.

En el centro de este resurgimiento del Oriente está la República Popular de China.

Aunque lo parezca, no es la primera vez que China

domina el comercio mundial: entre el año 130 y el 1453 de nuestra era, caravanas chinas cruzaban Eurasia por la intrincada red de caminos conocida como la Ruta de la Seda, mientras los barcos del Emperador Ming surcaban el Océano Índico en busca de especies, esclavos y productos exóticos. Fue la llegada de los europeos con su superior tecnología naval y bélica lo que puso fin a la hegemonía China.

Sometida a las potencias coloniales europeas a lo largo de 100 años y obligada a seguir las desastrosas políticas megalómanas de Mao Zedong por un cuarto de siglo, China supo reinventarse y trabajar pacientemente hasta convertirse en lo que es hoy: un gigante comercial y militar que reclama para sí los derechos y privilegios de una superpotencia.

Como los Estados Unidos después de la Segunda Guerra Mundial, China ha comprendido que la mejor forma de ejercer su poder en el mundo -e incrementar los mercados para sus productos- es financiando proyectos de infraestructura, comunicaciones y transportes en el extranjero.

Al menos en el papel, el multi-billonario proyecto de inversión China en Asia, África, Medio Oriente y América Latina que hoy lleva el nombre de "Nueva Ruta de la Seda" o "Belt & Road Initiative", se parece mucho al Plan Marshall con el que EU se convirtió en potencia tras la Segunda Guerra Mundial.

A través de la construcción de carreteras, vías férreas, puertos, oleoductos, gasoductos e infraestructura digital, China busca ejercer lo que el Profesor de Harvard, Joseph S. Nye llama el "soft power" o poder suave que consiste en seducir a los demás a su causa antes que amenazarlos con su poderío. El resultado es la creación de nexos culturales y proyectos de desarrollo que facilitan el tránsito de energía, bienes, personas y mercancías para beneficio de todos los países involucrados.

Aunque el surgimiento de China dista mucho de amenazar la hegemonía americana en el corto plazo, nada molesta más a una potencia decadente que la aparición de un pretendiente a su trono.

Máxime si ese pretendiente gana adeptos con la política benévola, mutuamente benéfica y constructiva que el poder reinante abandonó en favor de un discurso que privilegia el aislamiento, la confrontación, la amenaza y los muros.

Hoy, en un cambio de fortuna impensable hace 25 años, China es una de las Naciones más prósperas y admiradas del mundo. Pero la prosperidad -y la permanencia en el poder del Partido Comunista de China- es frágil, pues irónicamente, el comunismo chino hoy depende de los capitales y mercados globales odiados por Mao y Marx.

Aunada a la determinación americana de impedir el surgimiento de China, lo que hace interesantes a los tiempos actuales, es que Beijing ha despertado a la necesidad de reinventar las reglas de la economía global, pues dichas reglas están hechas a imagen y conveniencia de los intereses americanos.

De ahí que en el último lustro Beijing haya asumido una postura más asertiva y militarmente agresiva para garantizarse el acceso a los recursos y mercados de los que depende su bienestar.

Para Washington la irrupción China en los mercados mundiales y su interferencia en las rutas estratégicas del comercio global, es un claro desafío y amenaza al monopolio que los Estados Unidos han ejercido sin rival ni límite desde la caída de la Unión Soviética en 1991.

A falta de estadistas y diplomáticos capaces de contrarrestar la influencia China con soft power americano, el Washington de Trump ha optado por la coerción y el bullying para seguir explotando el orbe en su beneficio.

En el proceso, Trump ha convertido a decenas de Naciones -amigas y enemigas- al evangelio de Beijing que no es otro que la necesidad de reformar el orden mundial para liberar al mundo del monopolio del poder que Washington ejerce con absoluta arrogancia.

Esta es la historia, por momentos extraordinaria y por momentos trágica, de cómo una Nación que apostó por el aislacionismo y el comunismo, se convirtió en el principal defensor de la globalización y del comercio mundial.

1

CIEN AÑOS DE HUMILLACIÓN

Durante más de un milenio, China fue uno de los imperios más importantes de la Tierra y un pionero en el proceso de globalización.

Por tierra, la Ruta de la Seda iniciada en tiempos de la dinastía Han (207 a.C. –220 d.C) se convirtió en una compleja red de caminos para comerciar con Persia, Somalia, India, Egipto (ruta Norte); Pakistán, Afganistán y Asia Central, Iraq, Siria y el Mediterráneo (ruta Sur); Tailandia, Java, Burma y Bangladesh (ruta Sudoeste). Además de productos, las Rutas de la Seda alguna vez transitaron religiones, ideas e inventos.

Más adelante, durante la dinastía Ming (1368–1644) mientras Europa despertaba de su Edad Oscura, barcos chinos capitaneados por el Almirante Zheng He surcaban los mares explorando el Sudeste Asiático y estableciendo intercambios comerciales y culturales en el Golfo Pérsico, Arabia, la India y el África.

Desgraciadamente para la causa China, la muerte del tercer Emperador Ming, Yongle (1360–1424) supuso el fin de toda aventura. Temerosos del creciente poderío e influencia de los navegantes en la Corte, los sucesores de Yongle quemaron las naves, los mapas y los planos navales y decretaron el fin de la exploración marítima.

Convencidos por la filosofía de Confucio que China era en todo superior a las naciones bárbaras, los Ming consideraron innecesario mantener el contacto con el resto del mundo (tipo Trump). Y así, la Nación que pudo convertirse en potencia colonial un siglo antes del advenimiento de las potencias europeas, se aisló voluntariamente, perdiéndose las ideas de la revolución científica que harían de Europa dueña del mundo[1].

La Dinastía Qing y la "Locura China"

Pese a su aislamiento voluntario, los primeros dos siglos bajo la Dinastía Qing (1644-1911) fueron benéficos para China. Los Qing eran descendientes de los Aisin Gioro, una tribu guerrera que había unificado Manchuria bajo su mando.

Originalmente, los Aisin Gioro eran una de las muchas tribus mongólicas sometidas al poder de la dinastía Ming. Pero con el tiempo, los Aisin Gioro unificaron a las demás tribus de Mongolia, se liberaron de los Ming y se lanzaron contra ellos. Aterrorizados por la destreza militar de los mongoles, los Ming construyeron la Gran Muralla China para mantenerlos a raya.

En 1644, el Emperador Chongzhen se vio amenazado por una rebelión. Los rebeldes avanzaron sobre Beijing sin que el ejército pudiera detenerlos. Desesperado, el Emperador solicitó ayuda a los mongoles y les permitió franquear la Gran Muralla.

Para cuando los mongoles llegaron a Beijing, Chongzhen

se había suicidado y el líder de la rebelión -Li Zicheng- se había proclamado nuevo Emperador.

Jurando vengar la muerte de Chongzhen, los mongoles atrajeron a su causa a los partidarios de la dinastía Ming, desalojaron a Li Zicheng de Beijing y reclamaron para sí el "Mandato del Cielo" o derecho legítimo a gobernar China. Así surgió la dinastía Qing (agua azul).

Con los Qing, China tuvo estabilidad y paz para llevar a cabo mejoras en el campo. Innovaciones en los sistemas de irrigación redundaron en mayor higiene y cosechas más abundantes, lo que disminuyó la tasa de mortalidad.

Pero la bonanza fue ilusoria (tipo la nuestra!): para 1710 con una población cercana a los 400 millones, la agricultura tradicional fue incapaz de cubrir las necesidades básicas y la sombra de la hambruna reapareció.

Afortunadamente para la casa reinante, a los Qing no les faltaba dinero para importar alimento gracias a tres productos chinos de enorme demanda en Europa: la seda, el té y la porcelana. De los tres, la porcelana era una obsesión tan generalizada en el Viejo Continente que se le bautizó como la "locura china".

Originalmente accesible solo a los ricos y poderosos -los dogos de Venecia, Carlos VII de Francia, Lorenzo de Médici y Enrique VIII poseían vajillas del cotizado material- la porcelana se convirtió en una moda entre las clases acomodadas de Europa. Amén de denotar estatus, los diseños exóticos con que los artesanos chinos adornaban sus creaciones convertían las piezas en objetos de colección.

Belleza, rareza y utilidad eran las tres características que hacían de las porcelanas chinas objetos codiciados, envidiados y altamente cotizados.

María Estuardo y Augusto de Sajonia -por nombrar sólo a dos adictos- tenían centenares de piezas de porcelana en sus colecciones. Pese a rutinariamente enviar representantes a comprar las novedades recién llegadas de Cantón, Augusto confesó: "Nunca tendré suficiente porcelana".

Además de la calidad exquisita de la cerámica -dura como acero, traslúcida cual telaraña- parte de la fascinación europea con la porcelana china eran los mitos que circulaban sobre su proceso de elaboración.

Algunos decían que el barro era añejado 100 años, otros que se secaba al sol 3 ó 4 décadas, algunos reportaban haber visto artesanos "desnatar" una mezcla de agua y barro para conseguir su materia prima.

Para los chinos, las especulaciones y complejas explicaciones europeas eran una excelente herramienta para aumentar las ventas y los precios. De ahí el celo con que los Emperadores chinos guardaran el secreto para elaborar el "oro blanco".

Decenas de nobles y empresarios buscaron sin éxito el secreto de la porcelana. A enormes costos y fracasos, algunos contrataron alquimistas que se creían capaces de descifrar el secreto y pagaron fortunas a charlatanes que decían poseer la fórmula.

Mientras los alquimistas ensayaban con mezclas, hornos y procesos y los charlatanes exprimían a sus patronos, la "locura china" comenzó a hacer estragos en las balanzas comerciales europeas.

La Primera Guerra del Opio (1839-42)

Para la Dinastía Qing, el comercio con Occidente a lo largo del siglo 17 fue positivo: los Occidentales tenían mejores semillas y productos desconocidos en China, pagaban en plata y el contacto de los extranjeros con la población local era mínimo. Los beneficios del comercio permitieron a los Qing alimentar a la población y perpetuar el mito de la superioridad china.

Sin embargo, los empresarios británicos no estaban conformes con el trato: si bien podían comprar lo que quisieran pagando en efectivo (plata), el gobierno Qing restringía el acceso a los mercados chinos, con lo que la balanza comercial era siempre favorable a los Qing. Con transacciones que anualmente alcanzaban los miles de toneladas de plata, el asunto no tardó en llegar al Parlamento.

En 1793, pensando que el quinto emperador Qing entendería su dilema, el gobierno británico envió una embajada a Beijing encabezada por Lord McCartney (1737-1806). McCartney (nada que ver con el Beatle) solicitó al Emperador Qianlong (1711-99) mayor acceso a los mercados chinos, apertura de otros puertos al intercambio comercial y una base permanente para las embarcaciones británicas.

La respuesta de Qianlong fue negativa, por lo que los empresarios británicos diseñaron un plan para seguir comerciando con China sin desangrar las arcas de Inglaterra: convertir el opio procedente del norte de la India (Afganistán) en divisa comercial (te digo: y luego las "naciones civilizadas" se quejan de nuestros narquitos! ¿A poco de veras ya se les olvidó que la base del tan cacareado Imperio Británico fue el opio?)

De inigualable calidad y sumamente adictivo, el opio británico se convirtió en moneda de cambio aceptada por todos los mercaderes de Cantón. Para 1831, cerca de 3 mil toneladas de opio arribaban anualmente a China en barcos ingleses y eran la principal importación del País.

Amén de causar adicción entre las élites que podían pagarlo, el opio entraba de contrabando, se pagaba en plata o en especie y no aportaba ni un centavo a las arcas del gobierno chino. El déficit de la balanza comercial no tardó en cambiar de lado.

Preocupado por los estragos materiales y físicos de la droga, en 1839 el "Administrador de los Bárbaros" Lin Zexu (1785-1850) suplicó a la Reina Victoria detener el comercio de opio: "He escuchado que fumar opio está estrictamente prohibido en su País... entonces, ¿por qué Su Majestad lo permite cuando se trata de otros?"

La carta no obtuvo respuesta, por lo que Lin Zexu decidió confiscar todo el opio de Cantón. Tras exigir a los mercaderes locales entregar sus reservas de opio bajo pena de muerte, las autoridades incautaron unas 75 toneladas. Pero Zexu sabía que esto era apenas la punta del iceberg y procedió a arrestar extranjeros y a ejecutar a comerciantes locales culpables del ilícito.

Los arrestos y ejecuciones trajeron más decomisos: a lo largo de 22 días, el opio de Cantón fue echado al mar o quemado en trincheras especialmente diseñadas para ello.

Como era de esperarse, las medidas de Zexu y las pérdidas millonarias enfurecieron a los ingleses. Sin reparar en que el tráfico de opio ameritaba pena de muerte en su patria, los empresarios británicos exigieron a su Primer Ministro "defender su derecho al libre comercio" y "exigir compensación completa por las pérdidas sufridas" (ora resulta!).

El clamor e indignación pública por la quema del opio británico llegó a tal grado que el Primer Ministro Palmer envió 16 barcos de guerra y 4 mil soldados británicos a bloquear Cantón para exigir el derecho a vender la droga en China.

Las exigencias para levantar el bloqueo fueron muchas y elevadas: pago de las pérdidas, compensación por la humillación sufrida, garantías que un evento similar no volvería a ocurrir en un futuro, derecho a usar una isla cercana a la costa como base permanente de la flota mercante británica y el pago inmediato de todas las cuentas por cobrar británicas.

De no ser satisfechas las demandas, todos los puertos de China serían bloqueados por la flota británica.

Aislado y convencido de la superioridad de su Nación sobre los bárbaros, el Emperador Daoguang (r. 1820-50) rechazó las condiciones de Londres, dando inicio a la Primera Guerra del Opio (1839-42).

Desgraciadamente para Daoguang, la ilusión duró poco: las fuerzas armadas a su servicio no eran rival para las embarcaciones, la artillería y armas modernas de los ingleses.

En 1840, con los puertos chinos bloqueados, el Emperador Daoguang pidió tiempo para investigar los hechos de Cantón. Para apaciguar a los británicos, Lin Zexu fue cesado.

El gesto agradó a los británicos, pero cuando descubrieron que Beijing sólo compraba tiempo, bombardearon las fortificaciones de Cantón.

Los primeros meses de la Primera Guerra del Opio dejaron en evidencia la impotencia militar de China.

Animados por la nula resistencia de sus enemigos, los británicos aumentaron sus demandas.

Ahora, si Daoguang quería la paz, China debía ceder Hong Kong permanentemente, pagar $6 millones de dólares, abrir Cantón al comercio irrestricto y conceder a los oficiales británicos inmunidad de las leyes chinas. Bajo coerción, el nuevo "Administrador de los Bárbaros", Qishan aceptó las condiciones.

Pero cuando los términos del Tratado llegaron al Emperador Daoguang, este se rehusó a firmar y exilió a Qishan (a este Emperador, los ministros le duraban menos que a Trump o a López Obrador!).

En represalia por la negativa del Emperador, los británicos sitiaron Cantón y bloquearon sistemáticamente las costas Chinas, impidiendo la entrada o salida de barcos mercantes a lo largo de 1841. Tras un año de pérdidas -con Shanghai y la costa China en manos británicas- Daoguang tuvo que firmar el Tratado de Nanjing (1842).

Conocido como el primero de los "Tratados Desiguales", el este documento obligaba a China a ceder Hong Kong, otorgar a Inglaterra el estatus de nación más favorecida y pagar $21 millones de dólares a la Corona Británica como indemnización de guerra. Los 100 años de humillación china a manos extranjeras apenas iniciaban.

Rebelión y Segunda Guerra del Opio (1853-60)

La facilidad con que los británicos consiguieron concesiones hasta entonces inimaginables hizo salivar a otras naciones: Francia, Rusia, Japón y los Estados Unidos comenzaron a exigir la apertura de puertos y reducción de aranceles para sus productos.

Para 1853, el descontento de la burocracia con la pasividad del nuevo Emperador Xianfeng (1850-61) se conjugó con la crisis producida por la aparición de una secta religiosa separatista en el Sur de China y una inundación en el Norte.

En 1850 Hong Xiuqian, un joven que venía de reprobar el examen de admisión para convertirse en burócrata, se proclamó hermano de Jesucristo (no digan que este nini no era original!). Predicando la abolición de la dinastía Qing, Hong hizo conversos y se apoderó de varias provincias donde estableció el Reino Celestial de Taiping.

Mientras el gobierno intentaba aplastar la Rebelión de Taiping (1850-1864), una nueva crisis apareció en el Norte. El estallido que se convertiría en la Rebelión de Nian (1853-1868) comenzó cuando los campesinos que habían perdido sus cosechas en una inundación, se sublevaron contra la falta de apoyo gubernamental ante la hambruna.

Juntas, las Rebeliones de Taiping y de Nian debilitaron aún más al gobierno chino. Para colmo, en Octubre de 1856 un grupo de soldados chinos se apoderó del barco británico HMS Arrow en Cantón, acusando a su tripulación de piratería.

Los británicos, que solo necesitaban la mínima excusa para extorsionar a Beijing, bombardearon Cantón. Indignada, la población quemó varias bodegas extranjeras en la ciudad: había comenzado la Segunda Guerra del Opio (1856-1860).

A diferencia de la primera, la Segunda Guerra del Opio atrajo a otras potencias deseosas de conseguir una tajada de territorio chino: Francia envió barcos y tropas, mientras Rusia se apoderó de la mitad de Manchuria. Estados Unidos justificó el despojo llamándolo una "defensa de la civilización Occidental".

Para conseguir la paz China debía autorizar la apertura de 10 puertos a las potencias extranjeras, oficializar la cesión de parte de Manchuria a Rusia, pagar sumas millonarias en plata, otorgar a los europeos libertad para establecer misiones y escuelas cristianas para convertir a la población y legalizar la venta de opio en territorio chino.

De nuevo, el Emperador se negó a firmar y, a lo largo de 18 meses, franceses y británicos hicieron lo imposible por amedrentarlo. Una flota combinada de 41 buques de guerra franceses y británicos navegaron río arriba. Los soldados europeos entraron en Beijing y, en un acto de destrucción tan innecesaria como bárbara, saquearon y quemaron el Palacio de Verano construido durante la Dinastía Ming.

En 1860, al firmar el Tratado de Beijing -segundo de los Tratados Desiguales- Xianfeng tuvo que aceptar los términos ofrecidos por los extranjeros.

Murió el 22 de Agosto de 1861: fue el último monarca Qing con autoridad plena.

Su hijo Tongzhi (r. 1861-75) y su nieto Guangxu (r. 1875-1908) serían opacados y manipulados por la poderosa viuda de Xianfeng, la emperatriz Madre Cixi.

Intentos de Reforma (1861-1908)

Las pérdidas territoriales y los Tratados Desiguales despertaron a la población china de su complacencia. Por primera vez en la Ciudad Prohibida de Beijing, una parte de la élite gubernamental reconoció la superioridad científica y tecnológica de Occidente.

Como Tongzhi aún no tenía edad para gobernar, la regencia recayó sobre el Príncipe Gong (1833-1898). De ideas liberales, Gong preparó el terreno para que eventualmente Tongzhi pudiera modernizar al País. Conocida como el "Movimiento de Auto-Fortalecimiento" o simplemente la Restauración Tongzhi, Gong envió a centenares de jóvenes chinos a estudiar los métodos, las ciencias y las tecnologías occidentales.

Pero la campaña no tomó vuelo pues, durante su estancia en el extranjero, los jóvenes adoptaban modas e ideologías Occidentales contrarias al Confucianismo ultra conservador de la Emperatriz Madre Cixi. Haciendo uso de la enorme influencia que tenía sobre su hijo, Cixi puso fin a las reformas del Príncipe Gong.

En 1875, dos años después de asumir el trono, Tongzhi murió. Su hijo adoptivo y sucesor, Guangxu, tenía apenas 3 años. En su papel de regente de su nieto, la Emperatriz Madre Cixi aprovechó la oportunidad para dar reversa a los cambios efectuados en el reino de Tongzhi (tipo político azteca: se acabó el sexenio y va todo pa' atrás!).

Cuando en 1898 un grupo de intelectuales convenció a Guangxu de la urgencia de reformar China, la anciana Cixi intervino otra vez para evitar cualquier reforma: confiscó los 40 edictos firmados por el joven Emperador, lo declaró demente y lo puso bajo arresto domiciliario de tal modo que nadie tuviera acceso a Guangxu sin la presencia de ella.

Mientras tanto, en 1899 estalló otra rebelión en el Norte de China. Los Boxer -una secta de iluminados que se creía inmune a las balas extranjeras- asoló al País proponiendo matar a todos los extranjeros y castigar a la Dinastía Qing por su entreguismo.

Los Boxer quemaron iglesias, mataron a los misioneros y a los conversos al cristianismo y sitiaron las Embajadas a lo largo de 55 días. Un contingente de 18 mil tropas europeas tuvo que intervenir para aplastar la Rebelión Boxer. Los extranjeros aprovecharon el estado de anarquía para exigir mayores concesiones.

Así, las reformas que tanto necesitaba China no vieron la luz. En 1908, con la muerte tocando a la puerta, Cixi intervino una última vez para preservar el status quo: ordenó envenenar a Guangxu para evitar que su nieto le sobreviviera y retomara las reformas.

El Emperador Guangxu murió el 14 de Noviembre de 1908 a los 37 años. Cixi murió al día siguiente a los 73. (Si bien es imposible probar que ella dio la orden, una autopsia del 2008 reveló que el arsénico en el cadáver de Guangxu superaba 2 mil veces los niveles normales).

---

1. Levanthes, 21

2
REPÚBLICA Y REVOLUCIÓN

El 10 de Octubre de 1911, un levantamiento militar en Wuchang puso en jaque 2000 años de monarquía. Pese a los intentos del Príncipe Regente Zaifeng (aka Príncipe Chun) de sofocar la revuelta, los militares rebeldes obtuvieron el apoyo popular.

Convencidos que la postración de China confirmaba la pérdida del "Mandato del Cielo" de la Dinastía Qing, miles de campesinos apoyaron la insurrección, detonando la Revolución de Xinhai.

El 1 de Enero de 1912, la larga agonía de la China Imperial llegó a su fin cuando los rebeldes proclamaron el nacimiento de la República de China con Sun Yat-sen como Presidente Provisional.

El Sueño Republicano de Sun Yat-sen

Originario de Cantón, Sun pasó la mayor parte de su vida en el extranjero: a los 13 años emigró a Hawaii donde vivía su hermano mayor. Ahí se interesó por el Cristianismo, así como el pensamiento de los Presidentes americanos Abraham Lincoln y Alexander Hamilton.

Al término de sus estudios, el atraso de su País y la humillación de su gente a manos de los británicos indignó a Sun: "Los británicos -escribiría más tarde para explicar su vocación revolucionaria- tratan a las Naciones como los productores de seda a sus gusanos".

Enviado a Hong Kong a estudiar Medicina, Sun se convirtió al Cristianismo y se unió a Tiandihui, una organización clandestina cuyo objetivo era abolir la monarquía china. En los mitines de Tiandihui, Sun conoció a decenas de jóvenes aristócratas entre quienes destacaba Chiang Kai-shek.

Encabezada por Sun, la organización intentó dar un golpe de Estado pero el fracaso del plan obligó Sun a exiliarse. Fugitivo durante los siguientes 16 años, Sun visitaría los Estados Unidos, Europa, Canada y Japón, madurando la ideología del Kuomitang o Partido Nacionalista Chino.

Minzu, *Minquan* y *Minsheng* son los Tres Principios del Pueblo u objetivos básicos del Kuomitang:

Minzu (Nacionalismo) traducido por Sun en dos grandes objetivos: abolir la Monarquía y expulsar del País a las potencias europeas.

Minquan (Democracia): un sistema político de partidos y derecho al sufragio, apoyado en un moderno sistema de educación pública.

Minsheng (Socialismo) centrado en la satisfacción de necesidades básicas y la mejora sustancial de vivienda y transporte para el grueso de la población.

Una vez proclamado Presidente en Enero de 1912, el

primer acto de Sun fue poner las bases de un gobierno republicano basado en la paz, la libertad y la igualdad.

Pero a Sun le quedaba el formidable obstáculo de hacer abdicar al Emperador sin detonar una guerra civil. Con apenas 6 años de edad, Pu-Yi aún gozaba las simpatías de la población más tradicionalista (que ni idea tenían que el niño era un sádico que- según cuenta en su autobiografía- se divertía dando latigazos a sus sirvientes).

Para evitar el derramamiento de sangre, Sun solicitó la ayuda del General Yuan Shikai. Amén de ser el líder del Ejército Imperial, Yuan tenía acceso al Príncipe Chun que fungía como regente de Pu-Yi.

Yuan accedió a negociar la firma de la abdicación del pequeño Emperador a condición de ser nombrado Presidente de China. Así, en Marzo de 1912, la joven república tuvo su primer sobresalto cuando Sun cedió la Presidencia al General Yuan Shikai.

Como otros militares y líderes regionales de la China Imperial, Yuan tenía ambiciones de proclamarse Emperador y establecer su propia dinastía.

Por eso, lejos de traer la paz y estabilidad, el fin de la Dinastía Qing sumió al País en un rosario de guerras secesionistas que obligaron a Sun Yat-sen a asilarse en Japón. Mientras esperaba la oportunidad de regresar, Sun añadió un cuarto objetivo al ideario del Kuomitang: la lucha para mantener unificada a su Patria.

Cuando en 1915-16 Yuan Shikai se proclamó Emperador, Sun revivió el movimiento anti-monárquico. A su regreso a China en 1917, estableció un gobierno militar en Guangzhou y solicitó el apoyo de todos aquellos ciudadanos chinos que, -al margen de sus convicciones políticas- estuvieran dispuestos a luchar por una China unificada.

Una de las primeras organizaciones en responder al llamado de Sun Yat-sen fue el recién creado Partido Comunista de China (PCCH).

Versailles y el Partido Comunista de China

Pese a sus problemas internos, en 1917 China entró a la Primera Guerra Mundial en el bando aliado. Apoyando a Francia e Inglaterra, decían los partidarios de la alianza, China haría méritos suficientes para recuperar la provincia de Shangdong cuando Alemania fuese derrotada (aunque no lo dicen, los chinos aspiraban también a apropiarse de la mejor planta cervecera de China, que los alemanes habían construido en Tsingtao).

El Tratado de Versailles cayó como un balde de agua fría en China: en lugar de regresar Shangdong a sus legítimos dueños, las Potencias Aliadas decidieron agradecer el apoyo de Japón otorgándole la otrora posesión alemana (Ah, Tsingtao! Ya nos quedamos sin chela!)

Apenas conocerse la noticia, el 4 de Mayo de 1919, decenas de estudiantes de la Universidad de Beijing se congregaron frente a la Ciudad Prohibida a protestar el acuerdo de Versailles. La manifestación cobró vida propia y los jóvenes saquearon todo a su paso y quemaron la casa del representante japonés (porque sin chelas no hay Paraíso!).

Aunque la manifestación no logró alterar la voluntad de Francia e Inglaterra, el 4 de Mayo de 1919 resultó crucial para el futuro de la Nación.

Indignados por la perfidia europea, el Decano de Humanidades Chen Duxui y el Bibliotecario de la Universidad de Beijing, Li Dazhao, fundaron el Partido Comunista de China (PCCH). Entre los estudiantes más asiduos y entusiastas del nuevo partido estaba un joven llamado Mao Zedong.

En sus inicios, el Partido Comunista de China parecía condenado al fracaso. Incluso para Lenin el PCCH era tan irrelevante, que el líder ruso prefirió apostar por el Kuomitang de Sun Yat-sen y enviarle apoyo militar para recuperar las regiones secesionistas de China.

De convicciones más democráticas que comunistas, Sun no tuvo más opción que aceptar el apoyo soviético pues, la prioridad de Francia e Inglaterra era mantener una China fragmentada y fácilmente controlable, por lo que ignoraron las peticiones de ayuda de Sun.

En 1924, un Sun Yat-sen visiblemente deteriorado por el cancer de hígado (o, según nuevos estudios, cáncer de pancreas) aceptó la ayuda de Stalin. Decenas de mandos intermedios del ejército -entre ellos el joven Chiang Kai-shek- fueron enviados a Moscú a recibir entrenamiento y, en muchos casos, adoctrinamiento comunista.

El 12 de Marzo de 1925, tras someterse a varios tratamientos de medicina moderna y tradicional, Sun Yat-sen falleció sin ver realizado el sueño de crear una China unida y republicana.

La República Soviética de China

Cuando Chiang Kai-shek terminó su entrenamiento militar en Moscú, dos cargos le esperaban. Era líder del nuevo Ejército Nacional Revolucionario (ENR) que los republicanos utilizarían para combatir la monarquía de Yuan Shikai y aplastar los movimientos separatistas regionales. Además, la muerte de Sun Yat-sen lo puso al frente del Partido Kuomitang.

Tras deshacerse de sus posibles rivales, Chiang asumió ambos poderes con gusto y en los siguientes años consolidó su posición como Generalísimo: un despiadado dictador militar. Las prioridades del gobierno de Chiang pronto quedaron en evidencia. Además de evitar el fraccionamiento de China y expulsar a las potencias coloniales de su territorio como rezaba el ideario del Kuomitang, Chiang quería erradicar el comunismo de su Patria.

Pese al apoyo y adoctrinamiento recibido en Moscú, Chiang consideraba al comunismo un veneno mortal y una "enfermedad del corazón". Pero en 1925, recién llegado al poder, Chiang necesitaba el apoyo de los comunistas para consolidar su poder, por lo que ocultó sus sentimientos.

En 1926, en alianza con el Partido Comunista, Chiang lanzó una campaña contra los líderes provinciales que mantenían feudos a costa de la integridad territorial de China.

La herramienta para dicha campaña era el Ejército Nacional Revolucionario: una mezcla de egresados de Whampoa, la Academia militar del Kuomitang y estudiantes, campesinos y proletarios reclutados por el Partido Comunista de China.

Bajo la bandera de ejército liberador, la "Fuerza Expedicionaria del Norte" iba precedida por propagandistas que animaban a los campesinos a abandonar a sus señores feudales y unirse a la causa de una China más justa. Ante ejércitos feudales improvisados y plagados de desertores, Chiang obtuvo enormes éxitos.

Pero conforme las victorias se multiplicaban, las incompatibilidades entre los ideales de Chiang Kai-shek y los de sus aliados comunistas se hicieron evidentes.

Los comunistas acusaban a Chiang de abandonar los Tres Principios de Sun Yat-sen, mientras Chiang consideraba que los comunistas eran manipulados por Moscú y no eran de fiar.

Aún así, a fines de 1926, Chiang lanzó a su ejército a liberar Shanghai, a la sazón concesión francesa. Conocida como la "Perla de Oriente" por su riqueza e industrialización, Shanghai fungía como la capital de facto de China.

Además, el puerto principal del País era un hervidero de simpatizantes comunistas. Para aprovechar la fuerte presencia Comunista en la ciudad, Chiang solicitó a la dirigencia del PCCH estallar una huelga general contra las empresas foráneas para facilitar la entrada de sus tropas.

Aterrorizados por la posibilidad de ser expulsados de sus lucrativas colonias, Francia e Inglaterra enviaron 42 barcos de guerra a Shanghai. Pese a la expectativa general, ni los barcos ni las autoridades europeas opusieron resistencia a las tropas de Chiang. Tras su entrada triunfal, Chiang proclamó el fin de la concesión francesa de Shanghai.

Chiang explicó tan sencilla victoria aludiendo a la capacidad militar del Ejército Nacional, pero la verdad era más turbia: a espaldas de sus aliados, Chiang había firmado un acuerdo con los franceses, permitiéndoles operar como hasta entonces. Además, el Generalísimo había pactado con la mafia local -la Pandilla Verde- tolerar su monopolio de los casinos, casas de prostitución e inhalación de opio a cambio de fuertes sumas de dinero (me suena).

Shanghai había sido liberada solo en apariencia.

Para los Comunistas, la traición evidenciaba que Chiang veía en la revolución un simple medio para hacerse del poder. Para Chiang, la vociferante oposición y críticas de los comunistas evidenciaban que Moscú planeaba deshacerse de él.

En Enero de 1927, cuando Shanghai apenas volvía a la normalidad, Chiang dio el primer zarpazo. Al grito de "Jiaofei" -¡muerte a los bandidos!- Chiang purgó a todos los simpatizantes comunistas de su ejército. Decenas de antiguos aliados fueron arrestados y fusilados. Días más tarde, la cruzada se extendió a otras ciudades con el objetivo explícito de exterminar a los comunistas.

Para defenderse, los comunistas intentaron levantar a la población contra el gobierno de Chiang en las principales ciudades de China. Conocidos como los "Levantamientos de las Cosechas de Otoño", las insurrecciones fallaron y los comunistas tuvieron que huir a las montañas.

Seguro de sí mismo y con todo el poder en sus manos, Chiang Kai-shek se instaló en la capital de la China Republicana: Nanjing.

Diezmados y divididos, los comunistas se fueron al sur, donde recibieron asilo de líderes feudales para quienes la agenda unificadora de Chiang era una amenaza mortal. Buscando evitar ser derrocado y mantener ocupado a Chiang con los comunistas, el líder de Jianxi ofreció asilo a los fugitivos. Poco sabía que su generosa oferta le costaría no sólo el poder, sino la vida.

Entre los fugitivos que aceptaron la oferta del líder de Jianxi estaba Mao Zedong. Convertido en uno de los revolucionarios de mayor liderazgo, Mao era un marxista poco ortodoxo. A diferencia del resto de los dirigentes del movimiento comunista, Mao no tenía miedo de cuestionar los dogmas del marxismo-leninismo.

En especial, Mao se negó a aceptar el dogma de que el proletariado urbano en exclusiva debía realizar la Revolución. Para Mao era evidente que la Revolución China sólo tendría éxito si se apoyaba en la rabia de los campesinos.

Así, al margen del desagrado que sus ideas causaban en Moscú, el futuro "Gran Timonel" de China aprovechó el santuario de Jianxi para hacer un experimento.

Primero, disciplinó a sus tropas mediante las Tres Reglas: Obedecer órdenes, no tomar ni un alfiler de la gente y entregar a la dirigencia del comunismo todos los bienes capturados por su ejército. Acto seguido ordenó a sus hombres ayudar a los campesinos a levantar cosechas o realizar reparaciones caseras cuando no estuvieran luchando o entrenando para la lucha.

Además, los hombres de Mao quedaban obligados a comportarse civilizadamente con la población civil: debían pagar sus consumos, regresar lo que pidieran prestado, no dañar las cosechas, no tomarse libertades con las mujeres locales, pagar lo que rompieran, no pelear con los campesinos y pedir ayuda educadamente.

Este estricto código de conducta no era un mero barniz de etiqueta, sino el requisito sin el cual el experimento de Mao no prosperaría. En Jianxi, Mao diseñó la estrategia "pez en el agua" que posteriormente aplicarían -con mayor o menor éxito- todos los "ejércitos liberadores" o guerrilleros: hacer de la población local una aliada para vigilar al enemigo y esconderse de él a plena vista.

También Mao comenzó a diseñar las tácticas de lucha guerrillera que lo llevarían a tomar Beijing en 1949.

Alejado del alcance de Chiang, Mao radicalizó su experimento. En 1931, con la población de Jianxi firmemente de su lado, Mao expropió la tierra, creó el Soviet Jianxi-Fujian (o "República Soviética de China") y ejecutó mediante torturas diseñadas "con fines revolucionarios y educativos" a cerca de 186 mil "opresores del pueblo". Entre ellos, al líder feudal que tan generosamente que le diera asilo años atrás.

Criticado por sus colegas por la dureza de sus métodos, Mao replicó: *"la Revolución no es una cena de gala. No puede ser refinada, relajada, gentil, amable, ni templada. No puede tener buenos modales, ser restringida o magnánima. La Revolución es un acto de violencia mediante el cual una clase social derroca a otra"*.

3
GUERRA CIVIL Y TRIUNFO COMUNISTA

La debilidad de China -jaloneada por los líderes separatistas, por Chiang y por Mao- no pasó desapercibida en Japón. Habiendo sorteado su propio separatismo feudal a fines del siglo 19, Japón se había unificado y modernizado mediante la "Restauración Meiji" (1868).

Posteriormente, Tokio emprendió un ambiciosa reforma política, económica e industrial que lo convirtió en la principal potencia de Asia.

Pero la monarquía democrática del Japón de principios del Siglo 20 era un espejismo: atrás de los ministros y parlamento democrático operaba una élite militar cada vez más poderosa e insumisa. A la cabeza de esta élite estaba el General Sadao Araki, fundador del partido militar ultranacionalista, Kodoha.

Sadaki y Kodoha pugnaban por unificar el Sudeste Asiático mediante la creación de la llamada "Esfera de Co-Prosperidad Asiática". La "Esfera" proponía a las naciones asiáticas unirse para deshacerse del yugo occidental. Pero en realidad, la "Esfera" no era sino un intento de expulsar a los explotadores occidentales para someter a las naciones asiáticas a la voluntad de Japón.

Y es que, tras la "Restauración Meiji", Japón adoptó un modelo económico basado en la exportación de bienes manufacturados. Pero Japón era muy pobre en los recursos energéticos y naturales necesarios para alimentar la expansión de su planta industrial. Así, mientras intentaban convencer al resto de las naciones asiáticas de unirse a la "Esfera", los ojos de Sadaki y Kodoha recayeron sobre China: un vecino enorme, débil y con abundantes recursos naturales.

La Larga Marcha de Mao

En 1931, militares japoneses destacados en Manchuria asesinaron a uno de los líderes separatistas de China. Los comunistas culparon a los nacionalistas del asesinato y los nacionalistas a los comunistas. Ante la escalada de violencia entre unos y otros, los japoneses enviaron tropas para proteger sus inversiones en la provincia (a la fecha, los textos japoneses no reconocen que el plan siempre fue agredir a China sino que justifican el inicio de la guerra como una respuesta defensiva al "Incidente de Manchuria").

Obsesionado con exterminar a los comunistas, Chiang Kai-shek ignoró la agresión japonesa. La falta de reacción, animó a los militares japoneses a desplegar a su ejército para conseguir el mayor territorio y recursos posibles.

Para fines de 1931 los japoneses eran dueños indiscutidos de Manchuria. Para granjearse el apoyo de la población local y legitimar el despojo, Tokio creó la República de

Manchukuo e instaló al último Emperador Qing, Pu-Yi como su gobernante.

Con 26 años y un rencor infinito hacia sus connacionales por no haberle permitido heredar el Trono del Dragón, Pu-Yi aceptó gustoso el papel de marioneta que los japoneses necesitaban para explotar Manchuria a sus anchas.

Ante la disyuntiva de luchar contra los japoneses al Norte o los comunistas al Sur, Chiang Kai-shek se inclinó por los comunistas. "Los japoneses -declaró- son una enfermedad de la piel; el Comunismo es una enfermedad del corazón".

A lo largo de 1932, el ejército de Chiang persiguió a los comunistas por las montañas del Sur de China. Aunque la campaña fue exitosa, el objetivo final -exterminar el movimiento comunista- resultó imposible.

Entrenados en tácticas de lucha guerrillera creadas por Mao y apoyados en la estrategia del "pez en el agua", los comunistas desaparecían entre la población civil cuando Chiang los perseguía y atacaban cuando las tropas de Chiang menos los esperaban.

Exasperado por la falta de éxito, en 1934 Chiang Kai-shek contrató a dos generales alemanes veteranos de la Primera Guerra Mundial para ayudarle a descifrar y contrarrestar las tácticas de Mao.

Gracias a la asesoría de Max Bauer y Alexander von Falkenhausen, Chiang al fin pudo sitiar a los comunistas de Mao en Octubre. Rodeados por medio millón de soldados del ejército de Chiang y a punto del exterminio, Mao y sus correligionarios no tuvieron más opción que huir.

Al tanto de lo ocurrido con el líder de Jianxi, ningún otro líder feudal de la zona quiso asilar a los comunistas. Mao y los suyos se vieron obligados a tratar de alcanzar las montañas de Shaanxi donde el resto de los comunistas prófugos tenían su base. Situada en el Norte de China, Shaanxi estaba a 6,500 kilómetros de distancia (o sea, aquí nomás traslomita!).

La fuga -que duró 15 meses, recorrió 9,600 kilómetros, cruzó 11 provincias, y cobró la vida de unos 90 mil comunistas- se convirtió en la legendaria "Larga Marcha de Mao".

Perseguidos por las fuerzas de Chiang Kai-shek, entre 80 y 100 mil comunistas cruzaron el terreno más agreste de China. Buscando evitar las rutas vigiladas por el ejército de Chiang, los fugitivos cruzaron a pie cordilleras infranqueables, vadearon caudalosos ríos, caminaron por pantanos desérticos sin más alimento que lo conseguido en el camino. Tras 15 meses de tortuosa marcha a través de 11 provincias de China, unos 8 mil sobrevivientes llegaron a Shaanxi.

Pese a su origen como una desesperada y poco glamourosa fuga, la Larga Marcha de Mao se convirtió en una victoria propagandística innegable. Además de los cadáveres de sus camaradas, el ejército de Mao dejó una estela de admiración y un campo sembrado con los ideales del Comunismo.

Tal como profetizó Mao, la Larga Marcha fue el punto de inflexión de la guerra civil y lo que catapultó al movimiento comunista a la victoria final: *"la Marcha"* -escribió Mao- *"ha evidenciado el completo fracaso de nuestros enemigos para rodearnos, perseguirnos, obstruirnos o interceptarnos. Es una fuerza de propaganda: le ha anunciado a 200 millones de personas en 11 provincias que el camino del Ejército Rojo es su única vía a la liberación".*

Al conocer la noticia de la fuga, Chiang montó en cólera y envió a su ejército a exterminar a los comunistas en Shaanxi.

Pero ni la población, ni los soldados, ni los estudiantes e intelectuales compartían ya la obsesión del Generalísimo.

En las principales ciudades de China estallaron protestas populares exigiendo a Chiang priorizar la lucha contra los japoneses y no dedicar los recursos militares al exterminio de los comunistas. Pero Chiang se negó a modificar su agenda.

Entonces, Zhang Xueliang, el general encargado de acabar con los comunistas se rehusó a obedecer sus órdenes. Cuando Chiang voló a Yun'an a encarar al general rebelde, Zhang secuestró al Generalísimo hasta convencerlo de la necesidad de unir fuerzas con Mao para luchar contra los japoneses.

La Ocupación Japonesa (1931-45)

Pese a que nunca fue más que una alianza de papel, la noticia del cese de hostilidades entre Mao y Chiang obligó a los japoneses a acelerar la conquista de los recursos naturales de China.

En Julio de 1937, Japón se abalanzó sobre el País: Shanghai fue bombardeada sin piedad y los japoneses avanzaron por el territorio controlado por Chiang sin que su ejército pudiera detenerlos. Tras cuatro meses de lucha, el gobierno de Chiang Kai-shek tuvo que huir de Nanjing.

Acusado de haber propiciado la nueva agresión japonesa por su pasividad en 1931, Chiang prohibió a los civiles de Nanjing evacuar la ciudad. Creía que el peligro inminente obligaría a sus tropas a luchar heroicamente para evitar la caída de la capital y así silenciar a sus críticos.

Pese a luchar sin cuartel, el ejército de Chiang tuvo que abandonar Nanjing el 13 de Diciembre de 1937. Los japoneses entraron en la ciudad y asesinaron a más de 200 mil civiles sin más justificación que dar rienda suelta al placer de matar (me late que el ideal de la civilización está fundado sobre un matadero).

Miles de ciudadanos fueron asesinados a sangre fría, entre 20 mil y 80 mil mujeres y niñas fueron violadas. La ciudad entera fue saqueada y quemada al ras. Las seis semanas que duró la orgía de Nanjing se cuentan entre las más sangrientas de la historia humana (y miren que candidatos nos sobran!).

Como era de esperarse, la culpa de la masacre recayó sobre Chiang Kai-shek y nadie divulgó con mayor placer las noticias del desastre que Mao Zedong.

Tras la caída de Nanjing, Chiang enfocó todas sus energías a derrotar a los japoneses. En vano: en 1938 la costa y las principales ciudades de China estaban en manos niponas. Enfrentado a un enemigo que avanzaba al grito de Sanko Sakusen -mata, quema, saquea-, el ejército de Chiang se replegó en las montañas del sudoeste, mientras Mao y su ejército se atrincheraron en el noroeste.

En Julio de 1941, incapaz de derrotar a los japoneses, Chiang volvió a atacar a su enemigo más débil. Centenares de comunistas fueron emboscados y ejecutados sin piedad. De nueva cuenta Mao convirtió la derrota en una victoria propagandística, acusando a Chiang de preferir una guerra fratricida a una guerra patriótica contra Japón.

El ataque japonés a Pearl Harbor en Diciembre de 1941 resultó una bendición para Chiang. Con la entrada de Estados Unidos a la Segunda Guerra Mundial, el Generalísimo recibió dinero y armas para combatir la ocupación japonesa de su País.

Pero, lejos de utilizar el armamento contra los japoneses, Chiang economizó armas, hombres y energías para usarlos contra Mao.

El Triunfo de Mao Zedong (1945-9)

La rendición incondicional de Japón tras las explosiones atómicas de Hiroshima y Nagasaki tomó por sorpresa a todo el mundo. Al no haber autoridades chinas o americanas a quienes entregar sus armas, los japoneses se rindieron a los soviéticos.

Como custodio de Manchuria mientras Chiang organizaba sus fuerzas, el líder soviético Joseph Stalin saqueó la planta industrial que los japoneses habían dejado atrás, permitió a los guerrilleros de Mao infiltrar la provincia y armó a los comunistas con las armas de los japoneses.

Tras el fin de la Segunda Guerra Mundial, el Presidente Americano Harry S. Truman intentó convencer a Mao y a Chiang de instalar un gobierno de coalición. Los esfuerzos de Washington no fructificaron y en Junio de 1946 Chiang y Mao reactivaron su guerra civil (1946-49).

El panorama lucía sumamente favorable para Chiang Kai-shek: no sólo gozaba del apoyo americano sino que sus tropas controlaban cerca del 75% del territorio de China.

Desgraciadamente, los gobernadores del Kuomitang aprovecharon el caos de posguerra para apropiarse de la industria y enriquecerse ilícitamente a costa de la población. En ciudades como Shanghai, los gobernantes del Kuomitang se aliaron abiertamente a las mafias a cambio de jugosos sobornos, desilusionando a la población (y si los panistas hubieran leído historia china, otro gallo cantaría en esta nación).

Además, por miedo a conducirlos a brazos de Mao, Chiang optó por no castigar a los colaboracionistas de la Ocupación Japonesa. Los juicios y supuesta impartición de justicia acabaron en nada. La esperanza de que el Kuomitang rompería radicalmente con los vicios del poder imperial se resquebrajó sin remedio.

Mientras, en su base rural, los guerrilleros de Mao aún observaban los principios de ayudar y no perjudicar a la población. Para 1947, miles de soldados del ejército de Chiang habían a desertado para unirse a Mao.

La conducta de Chiang también exasperó a sus aliados: ante la negativa de Chiang de llevar a cabo las reformas y castigos sugeridos por sus asesores militares, Truman abandonó la causa Nacionalista.

Al mismo tiempo, el recién bautizado Ejército Popular Liberador de Mao seguía ganado terreno. Para 1948, justo cuando Truman se desentendía de Chiang, sólo el río Yangtze separaba a Mao de Nanjing. El río era un formidable obstáculo custodiado por 700 mil tropas nacionalistas y Chiang estaba seguro que Mao no lograría cruzarlo.

La mañana del 21 de Abril de 1948, Chiang al fin comprendió cuan impopular era su gobierno cuando el ejército de Mao apareció de su lado del río. Durante la noche, centenares de barqueros habían ayudado a los 450 mil guerrilleros de Mao a cruzar sin que las tropas nacionalistas opusieran resistencia. Según Mao, la "batalla del Yangtze" había durado menos de 15 minutos.

Amargado y con Nanjing sitiada, Chiang visitó por última vez el mausoleo de Sun Yat-sen. Tras derramar lágrimas y pedir perdón por su fracaso, el Generalísimo huyó al suroeste a preparar la confrontación final.

En Noviembre de 1948, lo que quedaba del ejército de Chiang fue diezmado en la batalla de Hwan Hai. Dos meses después, la capital imperial Beijing se rindió a los revolucionarios, seguida de la capital nacionalista Nanjing en Abril y el puerto de Shanghai en Mayo de 1949.

Incapaz de contener la ofensiva de Mao y ya sin apoyo popular o foráneo, Chiang Kai-shek y cerca de 2 millones de sus simpatizantes huyeron a la isla de Formosa

La huída de Chiang fue recibida con júbilo en Beijing. Tras una bienvenida apoteósica por parte de la población, Mao Zedong subió a la Puerta de la Ciudad Prohibida frente a la Plaza de Tiananmen, donde tradicionalmente se leían los edictos de los Emperadores y proclamó el nacimiento de la República Popular de China. Era el 1 de Octubre de 1949 y el Mandato del Cielo había encontrado un nuevo dueño.

Por su parte, en la isla de Formosa, a unos 150 km de la costa china, el derrotado Chiang proclamó la creación de la República Nacionalista de China (Taiwán) en Diciembre de 1949.

4

LA ÉPOCA DE MAO ZEDONG

Tras la derrota de Chiang Kai-shek y los Nacionalistas, China inauguró 27 años de grandes logros y tragedias con Mao Zedong - el "Gran Timonel"- al frente. El camino no resultó fácil: como miembro junior del club comunista, Mao tuvo que involucrar a China en la Guerra de Corea (1950-53) en nombre de la Unión Soviética.

Internamente, el Partido Comunista de China se dio a la tarea de reemplazar el naciente capitalismo con una economía centralizada, y la cultura burguesa e imperialista con el espíritu del comunismo.

Como en otras latitudes y otras ideologías, la imposición del nuevo régimen generó ejecuciones públicas, despojos, torturas, denuncias mal fundadas y la apertura de campos de "reeducación" -en esencia de trabajos forzados- para todos los "elementos burgueses y "contrarrevolucionarios" que los comunistas encontraron a su paso (o los inventaron).

La muerte de Stalin y el fin de la guerra de Corea en 1953, permitieron a Mao enfocar sus considerables energías a reorganizar la economía bajo el modelo soviético. En alarde de camaradería comunista, Mao recibió apoyo tecnológico -inclusive planos y prototipos de la bomba atómica- del hermano mayor soviético. Una vez más, como en 1911, centenares de jóvenes chinos fueron becados por Moscú para recibir entrenamiento político, tecnológico y militar.

Pero la luna de miel entre Mao y el sucesor de Stalin, Nikita Khrushchev duró poco: cuando en el Informe Secreto de 1956 Khrushchev acusó a Stalin de ocultar sus crímenes bajo un culto a su personalidad, Mao -que gozaba de un culto similar y escondía sus propios crímenes- se sintió aludido.

La Campaña de las 100 Flores

El Informe Secreto de Khrushchev fue un parteaguas en el mundo comunista. Diseñado para granjearle a Khrushchev apoyo para convertirse en líder indiscutible de la URSS, el Informe contenía una crítica al estilo dictatorial -y los abusos de poder- de Stalin.

Para Khrushchev, Stalin había traicionado el verdadero espíritu del comunismo al acumular tanto poder en sus manos. Era necesario regresar a las raíces de un liderazgo consensuado.

En Europa del Este, donde los líderes comunistas seguían modelo de Stalin, la crítica de Khrushchev se interpretó como una admisión de fracaso del comunismo. A pocas semanas del Informe Secreto, Polonia había estallado en protestas y en Hungría una rebelión anti-comunista amenazaba con devolver al País a la órbita capitalista.

Beijing seguía con horror estos eventos: si bien las persecuciones de los primeros años habían cesado, muchos intelectuales y antiguos propietarios de negocios o tierra se sentían alienados y resentidos con el gobierno de Mao. Para los estudiantes de Beijing era evidente que los burócratas y políticos -Mao inclusive- vivían rodeados de privilegios inalcanzables para el resto de la población.

Con el fin de evitar un estallido similar al de Europa del Este, Zhou Enlai -líder indiscutido después de Mao- ideó una campaña que los historiadores aún debaten si fue o no una trampa.

Bajo el lema "Dejemos Florecer 100 Flores", a finales de 1956 el gobierno chino animó a los intelectuales y disidentes a expresar sus opiniones políticas para ayudar a mejorar al Partido. Cada opinión -decía la teoría- era una delicada flor que sería respetada y escuchada por los dirigentes. Si la crítica estaba fundada, el gobierno haría lo posible por rectificar la situación.

La realidad resultó distinta: cuando los intelectuales, estudiantes y activistas señalaron las fallas, la corrupción y la hipocresía de los dirigentes del Partido, Mao los acusó de producir "hierbas venenosas" en lugar de "flores fragantes".

Para mediados de 1957, el Partido emprendió una "campaña de rectificación" a cargo de Deng Xiaoping. Se hizo un llamado a la población para que denunciara a los críticos de la revolución, a los pequeño-burgueses, a los contrarrevolucionarios, a los derechistas, y enemigos de clase. Las "flores" contrarias a la ideología de Mao fueron pisoteadas sin remordimiento.

Una vez más, las prisiones, los campos de re-educación y las fosas comunes se llenaron de víctimas. Habiendo silenciado la crítica y enviado un clarísimo mensaje a los disidentes, la Campaña de las 100 Flores fue discretamente abandonada.

El Gran Salto Adelante

Al margen de si fue una trampa para deshacerse de los inconformes, la iniciativa de las 100 flores llevó a Mao a abandonar el modelo soviético y crear uno propio. La clave de la nueva -y desastrosa- etapa sería el campo, donde Mao había reclutado a la mayoría de sus seguidores.

El "Gran Salto Adelante" -cuyo objetivo era sobrepasar económicamente a los soviéticos y alcanzar a los británicos en un plazo no mayor a 10 años- inició en la China rural a fines de 1957.

En agradecimiento a la "furia del campesinado" que lo había llevado al poder, en sus primeros años Mao permitió a los pequeños propietarios rurales unirse o permanecer al margen de las nuevas cooperativas voluntariamente. Las familias más pobres -carentes de herramientas o mano de obra suficiente- vieron beneficios en pertenecer a las cooperativas, mientras los campesinos más afluentes prefirieron seguir por su cuenta.

Ahora, como parte del Gran Salto Adelante, todos los campesinos fueron obligados a integrarse a las comunas. Cada comuna era una granjas colectiva masiva que incluía a varios poblados y era administrada por decenas de supervisores y organizadores del Partido (que, por supuesto, no sabían nada del campo).

De acuerdo a la teoría, todos los campesinos trabajarían por igual y todos recibirían sus alimentos en comedores colectivos atendidos por las mujeres. Para aprovechar la mano de obra durante los meses de invierno, los varones construirían presas y sistemas de irrigación. Además, cada casa contaría con un horno para fundir metal y producir hierro.

Otra innovación generada en Beijing fue dejar la mitad de espacio entre los granos de arroz y plantarlos a doble profundidad para duplicar la cosecha. Para incluirlos en el heroico esfuerzo socialista, niños y ancianos fueron organizados en brigadas encargadas de espantar y matar a los gorriones que se comían las semillas.

Acompañado de bombos y platillos propagandísticos, el Gran Salto Adelante dio inicio en el invierno de 1957. Centenares de campesinos fueron movilizados para construir sistemas de irrigación. Habiendo degradado a los intelectuales al rango de "parásitos sociales" que no aportaban nada a la construcción del socialismo, el Partido privilegió la "sabiduría popular" para dirigir el nuevo proyecto.

A lo largo y ancho de China, se cavaron cientos de kilómetros de canales y diques sin consultar a los expertos; se erigieron presas sin otro cálculo que la estimación de los propios cavadores. Se plantó el doble de arroz y, en un presagio de lo que había de venir, millares de gorriones murieron de hambre y cansancio, espantados a gritos y cacerolazos por niños y ancianos.

Como era de esperarse, la primer cosecha superó todas las expectativas: los administradores de las granjas reportaron una productividad récord. Cada logro producía uno mayor en una provincia vecina. Con los titulares anunciando éxito tras éxito, el Partido vaticinó que alcanzaría a los británicos en tan sólo 3 años.

La producción de hierro en los hornos domésticos también fue motivo de celebración: toneladas de metal oxidado fueron fundidas en los hornos domésticos y el nuevo material fue enviado a las ciudades para apoyar la urbanización.

En la ola de optimismo del Gran Salto Adelante, nadie se percató (o quiso percatarse) que las "cosechas récord" no se debían ni a la nueva organización del trabajo, ni a los innovadores métodos agrícolas, sino a la simple aritmética, al miedo y a la lambisconería (esta película ya la vi, pero con personajes latinoamericanos...)

Si bien no se duplicaron según prometía la teoría, la plantación del doble de semillas generó un mejor rendimiento en algunos casos. En la mayoría, las nuevas técnicas agrícolas -mayor profundidad y el doble de abono- pudrieron y quemaron las semillas.

Temerosos ser la excepción en medio de la ola de éxitos, centenares de administradores inflaron las cosechas en papel. Otros echaron mano de los graneros locales que debían servir para alimentar a los campesinos y plantar en la siguiente temporada.

Los hornos domésticos también fueron un fracaso rotundo: una vez reportado el tonelaje producido, la maquinaria propagandística nunca aclaró que la calidad del hierro era tan mala que el metal se partía bajo el menor estrés, haciéndolo completamente inservible para edificar.

Aislados por la adulación y la propaganda, los altos funcionarios del Partido no sabían cuán lejos de la realidad estaban los informes que recibían. Deslumbrado con el éxito de sus reformas, en el verano de 1958 Mao incrementó las cuotas de producción de las granjas y presumió que, gracias al nuevo modelo, los chinos podían comer hasta 5 veces al día sin dejar de exportar grano a la URSS para pagar sus deudas de tecnología.

En Otoño de ese año se instruyó a los administradores repetir los procedimientos y los éxitos de la temporada anterior. Amén de repetir el fracaso de primavera otros dos desastres acechaban la cosecha de otoño: el colapso de los sistemas de irrigación construidos en base a la "sabiduría popular" y una plaga de gusanos producto del exterminio de los gorriones (la Naturaleza no perdona).

Para Febrero de 1959, el Gran Salto Adelante naufragó en un mar de propaganda triunfalista y la realidad comenzó a filtrarse hacia arriba. Pese a los magros resultados, Mao se negó a aceptar lo evidente. En su lugar, culpó a los campesinos de acumulación ilícita y ordenó a los supervisores revisar las casas en busca de grano robado. Confiado en que las políticas de su "Gran Timonel" eran correctas, el Partido no disminuyó las exportaciones a la URSS.

Obligados a producir más con estas desastrosas técnicas y bajo la estrecha vigilancia de supervisores que debían reportar resultados imposibles, los campesinos se quedaron sin nada. Para mediados de 1959, la ínfima cosecha de verano llevó a Mao a declarar la guerra a los campesinos, acusándolos de "fingir hambre en público mientras se hartaban en privado".

Afortunadamente no todos los dirigentes del Partido estaban tan cegados por sus hazañas como Mao. Alarmado por los reportes de desnutrición extrema y de poblaciones forzadas a comer corteza y arcilla para no morir de hambre, Peng Duhuai -el Ministro de Relaciones Exteriores y héroe de la Revolución- realizó un extenso tour de su provincia natal.

Las señales de una inminente hambruna llevaron a Peng a alertar a Mao que el Gran Salto Adelante era un espejismo burocrático. Desgraciadamente, Mao tomó la denuncia de su proyecto favorito como una afrenta a su liderazgo. Peng Duhuai fue relevado de su cargo y puesto bajo arresto domiciliario.

Sería necesario otro año y medio de fracasos -y una hambruna que cobraría 30 millones de vidas- para convencer a Mao de dar un paso atrás. Al igual que con la Campaña de las 100 Flores, los hombres de confianza de Mao desmantelaron la desastrosa iniciativa.

Discretamente, a finales de 1961, Zhou Enlai, Liu Shaoqi y Deng Xiaoping desbandaron las comunas, retiraron a los supervisores, regresaron al esquema de cooperativas multifamiliares, reabrieron los mercados rurales y se dio luz verde a la adquisición de animales domésticos para paliar la hambruna.

Gracias a estas medidas -la reaparición de una modesta iniciativa privada- a lo largo de los siguientes cuatro años, la pesadilla del Gran Salto fue quedando atrás. Y, al menos para uno de los hombres de confianza de Mao, las lecciones no pasaron desapercibidas.

La Revolución Cultural

Explicar el fracaso del Gran Salto Adelante a los altos funcionarios del Partido recayó sobre los responsables de deshacer el daño: Liu Shaoqi y Deng Xiaoping.

Diseñado para no encender la ira de Mao, el reporte de Liu y Deng señalaba las malas políticas públicas, la corrupción rampante y la tendencia de los altos funcionarios a creer en su propia propaganda como principales causas del desastre.

Pero el tono conciliador del reporte no logró su principal

cometido.: evitar que el "Gran Timonel" viera en el reporte una crítica a su persona y liderazgo. En Enero de 1962, Mao arremetió contra sus críticos.

Pese a sus esfuerzos, dijo Mao, el Partido aún no lograba deshacerse de sus "revisionistas", "derechistas" y "falsos comunistas". Lejos de ello, los "elementos reaccionarios" se habían infiltrado hasta lo más alto del Partido y soñaban con llevar a cabo una contrarrevolución capitalista como la que Khrushchev realizaba en la URSS.

A la cabeza de estos "falsos comunistas" Mao denunció como "Khrushchev de China" a Liu Shaoqi.

La acusación indignó a muchos dentro del Partido, que en los actos de Mao vieron una repetición de la purga de Peng Duhuai, y una señal inequívoca de la creciente intolerancia del líder a toda crítica.

Por eso, para Mao deshacerse de Liu Shaoqi no fue tan fácil como purgar a Peng Duhuai pues, amén de ser un héroe de la Revolución, Liu Shaoqi era Presidente de China, y el tercer hombre más poderoso del País, solo detrás de Mao y Zhou Enlai. Además, hasta ese momento, Liu había sido el heredero aparente de Mao.

Con millares de simpatizantes dentro y fuera del Partido, Liu no se sintió intimidado por la arremetida de Mao. Al contrario: a lo largo de 1962-4, Liu no dejó de criticar los supuestos logros del Gran Salto Adelante.

Dispuesto a contradecir a quienes lo criticaban de estalinista y dictatorial -y sabiendo que no contaba con el consenso necesario dentro del Partido para purgar a Liu-, Mao urdió una brillante estrategia para deshacerse de la oposición y mantener su aparente "inocencia".

La anarquía brutal y generalizada que llegaría a conocerse como la Revolución Cultural comenzó en 1964. Ese año, Mao ordenó la publicación de una colección de aforismos y refranes que resumían su pensamiento.

El "Pequeño Libro Rojo" -como se conoce popularmente la obra- fue distribuido primero al Ejército de Liberación Popular y se convirtió en parte medular de la "educación revolucionaria" de soldados y oficiales. Al año siguiente, el adoctrinamiento obligatorio se trasladó a la Liga de la Juventud Comunista.

Si bien "El Pequeño Libro Rojo" cubre una gran variedad de materias, el énfasis recae sobre dos grandes temas: la necesidad de continuar con la lucha de clases y la "lealtad" debida al Partido y a sus líderes genuinos. Machacando estos dos temas en infinitas variaciones, Mao creó las pinzas ideológicas para extirpar a sus críticos.

Instigado por su esposa Jiang Qing, en Noviembre de 1965 Mao lanzó una campaña contra "el arte reaccionario" que -desde el teatro o las publicaciones- atacaban veladamente al Partido y saboteaban los esfuerzos de crear una cultura revolucionaria libre de ideales individualistas, capitalistas y burgueses.

Decenas de intelectuales fueron investigados y etiquetados como enemigos de la Revolución. Pese a la similitud con la Campaña de las 100 Flores, esta vez los intelectuales eran apenas la punta del iceberg. No pasó mucho tiempo antes de que las "investigaciones" revelaran que -tal como había advertido Mao- los críticos de la Revolución tenían nexos con altos funcionarios del Partido.

Decenas de miembros del Comité del Partido en Beijing -dominado por los partidarios de Liu- fueron implicados y destituidos. Cuando algunos funcionarios de alto nivel protestaron la medida, Mao convocó a la juventud a salvar la Revolución de los reaccionarios que se habían apoderado del Partido.

Centenares de jóvenes adoctrinados en las ideas del Pequeño Libro Rojo salieron de las aulas a atender el llamado de su líder. Dado que todo puesto de autoridad implicaba pertenencia al Partido -y según Mao el Partido era ahora el enemigo- maestros y autoridades escolares se convirtieron en blanco de sus estudiantes.

En Beijing y otras grandes ciudades, los universitarios y bachilleres golpearon, escupieron y humillaron a sus maestros. En otros lugares, les pintaron la cara con tinta a las autoridades escolares y les pusieron orejas de burro antes de pasearlos por las calles.

Con Mao deliberadamente ausente de la capital mientras ocurrían los desmanes, Liu y Deng restauraron el orden enviando brigadas de funcionarios y militares a escuelas y universidades. Cuando todo volvió a la normalidad, se castigó a los alumnos más rijosos y se amenazó al estudiantado con la expulsión definitiva del sistema educativo si continuaban los disturbios.

Cuando Mao reapareció en la escena política, su contraataque fue fulminante: retiró las brigadas y anuló todas las medidas de Deng y Liu para restaurar el orden. Además, el Gran Timonel prohibió al Partido y al Ejército involucrarse en asuntos estudiantiles y acusó a Liu Shaoqi y a Deng Xiaoping de desatar un "Terror Blanco" anti-revolucionario contra la juventud. Los días de ambos en sus cargos estaban contados.

Para tranquilizar a los estudiantes y solicitarles perdón en nombre del Partido, Mao visitó las principales universidades del País en un tour apoteósico. Cuando los estudiantes de la Universidad de Tsinghua le contaron que se habían organizado espontáneamente en brigadas de "Guardias Rojos" para defender la Revolución, Mao supo que tenía la herramienta perfecta para purgar al Partido -y al País- de sus críticos y enemigos.

Para cuando Mao regresó a Beijing en Agosto de 1966, cada escuela y Universidad tenía su propia brigada de Guardias Rojos dispuestos a defender los logros del Gran Timonel y extender el maoísmo a "todo el Universo". En Septiembre, Mao exentó a los estudiantes de regresar a clases y les conminó a "seguir adelante con la Revolución".

En la Plaza de Tiananmen, frente millares de jóvenes ataviados con el uniforme del movimiento -una pañoleta roja al cuello- Mao declaró que rebelarse estaba justificado pues era, esencialmente, la lógica de la lucha de clases.

Cuando el Partido convocó una Sesión Plenaria para discutir los eventos recientes, el recinto se llenó de Guardias Rojos. Liu y Deng fueron removidos de sus puestos y reemplazados por Jiang Qing -alias Madame Mao- y su grupo de incondicionales.

No hubo oposición, solo aplausos. El mensaje había quedado claro: quién se opusiera a los planes del Gran Timonel sería entregado a la furia de una juventud delirante.

Pero a la Revolución Cultural aún le quedaba mucha cuerda: millares de jóvenes entendieron la cancelación de clases y el exhorto a "seguir adelante con la Revolución" como una carta blanca para desatar una orgía vengativa y una ola de destrucción contra escuelas, autoridades y maestros.

Desde el poder, Jiang Qing fomentaba la revuelta estudiantil conminando a los estudiantes a destruir los "4 Obsoletos": el pensamiento, las costumbres, la cultura y los hábitos tradicionales.

Maestros venerables acusados de perpetuar los 4 Obsoletos a través de la educación fueron juzgados, torturados, golpeados y en ocasiones asesinados a golpes por hordas de estudiantes revolucionarios. Se quemaron libros y se denunció a todo el que leyera o fomentara el estudio de los grandes textos occidentales.

Sin supervisión ni autoridad que pusiera freno a los desmanes -pues el Partido y el Ejército tenían órdenes de no involucrarse- bandas de estudiantes en todo el País se dieron a la tarea de destruir estatuas, saquear templos e imponer su voluntad anárquica sobre la población entera.

Extasiados por su poder y libertad, los jóvenes se dedicaron a crear una verdadera dictadura. En una repetición de las escenas escolares, los líderes políticos locales fueron despedidos, golpeados y asesinados. En su lugar se crearon Comités Revolucionarios con representantes de la clase trabajadora, el ejército y los estudiantes.

Convertida en heroína y líder de los jóvenes, Madame Mao los animaba a demostrar su lealtad con actos cada vez más barbáricos. Para facilitar la labor revolucionaria de los jóvenes a lo largo y ancho de China, se les otorgaron pases gratuitos para viajar en tren y autobús.

Enemigos personales de Mao, como Lui Shaoqi y su mujer enfrentaron linchamientos públicos instigados por Madame Mao. Deng fue detenido y uno de sus hijos quedó paralítico cuando "se cayó por la ventana" intentando escapar de sus torturadores.

Para la primavera de 1967 decenas de miembros y funcionarios del Partido veían con alarma la creciente anarquía.

Algunos funcionarios intentaron organizar brigadas contra la arbitrariedad de los Guardias Rojos. Pero Madame Mao animó a los estudiantes a robar armas de los depósitos del Ejército para "defender la Revolución". Otros estudiantes detuvieron y saquearon trenes de armas soviéticas destinadas a las guerrillas norvietnamitas. Aún bajo órdenes de no intervenir, el Ejército nada podía hacer para evitar el saqueo.

La obtención de armas cambió la naturaleza del movimiento y fue el inicio de su fin. Los estudiantes crearon facciones -cada una presumiendo ser más revolucionaria que sus rivales- y comenzaron a luchar entre sí. Para la primavera del 68, bandas de Guardias Rojos armados escenificaban batallas -con artillería y ametralladoras- por el control de ciudades y poblados. Los rivales capturados eran sumariamente ejecutados, las mujeres violadas y asesinadas.

En Agosto de 1968, con la anarquía a punto de convertirse en guerra civil, Mao puso fin a la Revolución Cultural. El Ejército recibió órdenes de desarmar y pacificar a los Guardias Rojos. La gran mayoría de estudiantes se plegó a las órdenes de su Timonel y regresó a clases. Otros tuvieron que ser silenciados definitivamente.

Los Guardias habían purgado al Partido y al País de los enemigos de Mao, pero su líder no era tan ingenuo como ellos. Si algo sabía el Gran Timonel era que la violencia revolucionaria intoxicaba. Y Mao no iba a permitir a millares de jóvenes intoxicados regresar a casa donde podían convertirse en una formidable fuerza de oposición si algo no les gustaba.

Entre finales de 1968 y mediados de 1969, cerca de 10 millones de jóvenes -la mayoría de ellos ex-Guardias Rojos- fueron enviados al campo a "aprender humildad e industriosidad" de los campesinos. Disfrazado de servicio social, el exilio era de carácter permanente: al ingresar al mercado laboral, los jóvenes eran registrados como habitantes rurales, lo que les impedía regresar a las ciudades.

Como otras campañas, la Revolución Cultural murió discretamente, con un saldo de 2 millones de muertos, 2 millones discapacitados y una de las migraciones forzadas más grandes de la historia humana. Pero Mao había logrado deshacerse de sus críticos y con el Partido y sus instituciones destrozadas, el "Gran Timonel" recurrió a elementos leales del Ejército para llenar las plazas vacantes de su gobierno. En adelante, el Ejército tendría un lugar preponderante en la política nacional.

Muerte y Sucesión del "Gran Timonel"

Los años finales de la vida de Mao vieron un deterioro paulatino de su salud producto de la esclerosis lateral amiotrófica (Enfermedad de Lou Gehrig) y, en paralelo, la lucha por la sucesión.

En 1971 el Ministro de Defensa Lin Biao, sucesor elegido por Mao tras la caída en desgracia de Liu Shaoqi, murió en un extraño accidente aéreo. Según los reportes oficiales, el avión de Lin se estrelló en Mongolia cuando él y su familia huían del País tras ser implicados en un complot para asesinar a Mao.

Curiosamente, en el reporte de las autoridades mongólicas -primeras en llegar al lugar del accidente- se lee que los cuerpos del piloto y copiloto de la aeronave tenían heridas de bala.

Los líderes revolucionarios originales, todos ellos de edades similares a la de Mao, fueron muriendo en el último lustro de vida del Gran Timonel. Zhou Enlai -mano derecha de Mao y segundo en importancia en el Politburó- padecía de cáncer avanzado y moriría en Enero de 1976, ocho meses antes que Mao.

Para cuando Mao expiró el 9 de Septiembre de 1976, quedaban sólo tres grandes candidatos a sucederlo: la infame Madame Mao, el discreto Deng Xiaoping -nuevamente purgado en Abril del 76 a instancias de ella- y el candidato elegido por el propio Mao: Hua Guofeng.

Desconocido y alejado del círculo íntimo del poder, Hua impresionó a Mao lo suficiente para que -meses antes de su muerte- el Gran Timonel escribiera: "con él a cargo, mi corazón está tranquilo".

Indignada por esta traición final -y dispuesta a suceder a su marido a toda costa- Madame Mao introdujo en los papeles del difunto una nota falsificada donde ella -y no Hua Guofeng- era designada sucesora.

La cruda falsificación no engañó a nadie y, a un mes de la muerte de su marido, Madame Mao y sus co-conspiradores fueron arrestados y acusados de intento de usurpación del poder.

La descalificación de Madame Mao enfrentó a Hua a un nuevo reto pues los partidarios de Deng Xiaoping querían rehabilitarlo. Deng -decían sus simpatizantes- había sido víctima de las maniobras de Madame Mao.

Pese a saber que rehabilitaba a un poderoso rival, en 1977 Hua Guofeng no tuvo más remedio que regresar a Deng sus puestos de vice-premier de China y vice-secretario general del Partido Comunista. Para Septiembre de 1980, la poderosa facción detrás de Deng obligó a Hua a renunciar a su puesto.

En su lugar, el siempre astuto y discreto Deng Xiaoping colocó a su protegido, el economista Zhao Ziyang.

Por esta vía, el tres veces purgado Deng Xiaoping -otrora encargado de reprimir a los intelectuales tras la Campaña de las 100 Flores y de resarcir el daño tras el desastre del Gran Salto Adelante- comenzó la ardua y paciente labor de enterrar las políticas de Mao que, según los historiadores, cobraron entre 45 y 78 millones de vidas.

5
DENG XIAOPING Y LA SEGUNDA REVOLUCIÓN

Pese a sus desastrosas políticas económicas, Mao consolidó la unificación de China iniciada por el Kuomitang. Pero amén del un altísimo costo en vidas, la ruta trazada por Mao empobreció a su País y lo dejó enormemente rezagado con respecto al resto del mundo.

Rectificar económicamente el curso de China sin perder la dictadura política del Partido Comunista recayó sobre el sobreviviente más consumado de la Era de Mao, Deng Xiaoping.

Nacido en 1904 en la provincia de Sichuan en el seno de una familia relativamente acomodada, Deng comenzó sus actividades revolucionarias a la edad de 16 años.

Su padre era un terrateniente que empleaba varios campesinos para cultivar unas 7 hectáreas de tierra y tenía grandes aspiraciones para su primogénito, a quien -aludiendo a Confucio- llamó Xiansheng (Sabio sin igual).

Más adelante -cuando un amigo le hizo ver la falta de modestia del nombre- Deng recibió el nombre de Xianxian (Aspirante a la virtud).

En 1920, Deng fue enviado a París con una beca, pero mostró poca paciencia y menos talento para los estudios académicos (tipo yo). Incapaz de aprender francés, pasaba su tiempo en la capital francesa charlando con otros estudiantes y trabajadores chinos (y alimentando su adicción por los croissants con leche).

En los barrios más pobres de París, decenas de chinos enviados por el Kuomitang a levantar las cosechas francesas durante la Primera Guerra, buscaban trabajo y aprender de la industria gala. Amén de extenuantes y mal pagados, los trabajos escaseaban y los migrantes eran explotados sin piedad por sus capataces franceses.

La sociedad tampoco veía a los migrantes orientales con buenos ojos: en los parques más selectos de la capital francesa había letreros prohibiendo la entrada a "chinos y a perros"[1].

Cuando la institución que lo becaba se declaró en bancarrota, Deng tuvo que encontrar otra forma de sobrevivir. Trabajó en una metalúrgica en Bayeux durante 8 meses, regresó a París a una fábrica de caucho y, posteriormente encontró una plaza en la Renault.

Como tantos otros estudiantes desamparados y trabajadores explotados, Deng se afilió a la Liga de Jóvenes Comunistas Chinos en Europa que operaba desde la habitación de hotel del futuro Premier chino, Zhou Enlai.

Seis años mayor que Deng, Zhou detectó el talento natural y sentido común del joven de Sichuan y lo convirtió en su protegido. Aún así, la explotación, el racismo y maltrato dejaron marcado a Deng (en una visita de Estado, cuando el Presidente francés le pidió disculpas por los maltratos de su juventud, Deng contestó: "al contrario, yo le agradezco a Francia haberme convertido en revolucionario").

A fines de 1925, los jóvenes comunistas fueron retirados de París y enviados a Moscú a estudiar en la Universidad Sun Yat-sen de los Trabajadores de China, una academia patrocinada por Stalin para exportar el comunismo soviético a ese país. Ahí, a Deng se le asignó el nombre de Iván Sergueyevich Dozorov. Además de Marxismo, historia de China y dialéctica histórica Deng estudió periodismo y, por su capacidad de análisis, fue asignado al "Círculo de Teóricos" de la Revolución, claramente apuntando a un futuro de ideólogo.

Dos años más tarde, terminados los estudios, Deng regresó a China justo cuando Chiang Kai-shek declaraba la guerra a los comunistas. Trabajando de incógnito para la causa comunista, Deng volvió a cambiar su nombre, tomando el definitivo Xiaoping ("Pequeña Paz"). A partir de ahí se dedicó en cuerpo y alma a la Revolución: fue encargado de propaganda, jefe de partido en Shanghai, comandante militar y, eventualmente, se unió a la Larga Marcha de Mao.

Discreto, callado y diminuto (media apenas 1 metro 53), Deng destacó por sus habilidades negociadoras, organizativas y su flexibilidad ideológica. Serían estas capacidades -y su amistad con Zhou Enlai- lo que le permitiría sobrevivir la turbulenta época de Mao y, eventualmente, erigirse como el improbable sucesor del Gran Timonel.

Por turnos esbirro y por turnos víctima de las políticas de Mao, Deng vivió en carne propia los excesos y conoció de primera mano los errores de su predecesor. Por eso, apenas consolidado el poder, Deng revivió la iniciativa que él y Zhou Enlai originalmente propusieran tras la hambruna del Gran Salto Adelante.

Bajo el nombre de "Las Cuatro Modernizaciones", el plan contemplaba reformar a fondo la agricultura, la industria, la tecnología y la defensa de China.

Pero Deng sabía que ningún genio ideológico, ninguna campaña de terror iba a lograr poner a China a la altura de Occidente. La clave para alcanzar el objetivo en cada uno de estos rubros era regresar a los mecanismos de libre mercado o, en otras palabras, volver a introducir el capitalismo en China.

Más allá de las dificultades propias de reconvertir la economía, Deng enfrentaba un obstáculo formidable en la forma del Politburó y el culto a la personalidad de Mao. Dividido entre reformistas y conservadores, el Politburó practicaba una adoración de lo dicho y hecho por Mao que hacía imposible criticar o dar marcha atrás a sus políticas.

Pero fuera de las altas esferas del poder, había centenares de ex miembros del Partido que también habían sido purgados por sugerir cambios a los planes de Mao.

Así que en el Tercer Pleno del Partido en 1978, Deng rehabilitó a sus antiguos camaradas y puso a 61 de ellos en puestos clave del gobierno (entre ellos al padre de Xi Jinping). También aprobó la aparición en la prensa de artículos que, si bien dejaban intacto el prestigio del Gran Timonel, criticaban los resultados de sus reformas.

Para granjearse el apoyo de las Universidades, Deng rehabilitó a decenas de intelectuales y académicos y les quitó el estigma de ser "burgueses" o "parásitos sociales" según los estándares de la Revolución Cultural. A los estudiantes les ofreció abrir contactos con Universidades americanas para realizar intercambios académicos en el área de administración de empresas e ingeniería.

Poco a poco, con medidas sutiles y atinadas, Deng puso de su lado a los intelectuales, a los estudiantes, a la prensa y a la dirigencia media del Partido. Entonces, comenzó a colocar los cimientos de las 4 Modernizaciones.

Para 1979, flanqueado en la cumbre del Partido por los reformistas Hu Yaobang y Zhao Ziyang, Deng puso en marcha lo que él mismo llamó la "Segunda Revolución China": el plan económico que en toda la historia de la Humanidad ha traído el mayor bienestar material al mayor número de personas en el menor tiempo.

Primera Modernización: Agricultura

La memoria de las comunas maoístas y la hambruna que cobró 30 millones de vidas nunca se borró de la mente de Deng Xiaoping. Para el nativo de Sichuan quedaba claro que sin una agricultura robusta, el resto de su plan eran un castillo en el aire.

Así que el primer paso para poner a China en ruta al dominio de la economía global fue dar marcha atrás a la colectivización de la tierra. Aunque desde los 60, gracias a Deng y Liu Shaoqi, las comunas habían sido abolidas y los campesinos contaban con parcelas para cubrir sus necesidades particulares, las granjas colectivas seguían siendo altamente improductivas.

La solución de Deng fue brutalmente simple: rentar a cada campesino una parcela de tierra e imponerle una cuota de grano obligatoria . Dicha cuota debía entregarse a los graneros estatales en pago por el uso de la tierra. Una vez cumplido el objetivo, el campesino quedaba libre para vender o intercambiar el resto de su producción en los mercados rurales. Un campesino industrioso inclusive podía levantar una segunda cosecha y quedarse con la producción íntegra.

Para animar a los campesinos a vender su producción extra al Estado, Deng fijó un precio 50% mayor al de la cuota obligatoria. Para 1984, el 98% de la tierra arable de China estaba en manos de particulares y, año tras año, la producción se incrementaba 10%. En 1984, el rendimiento promedio de las parcelas particulares se había elevado de las 2.5 toneladas por hectárea del antiguo régimen a casi 3.5 en el nuevo.

Segunda Modernización: Industria

Devolver el control de la tierra a los campesinos creó una situación que Deng supo aprovechar en su beneficio. Con las granjas operando como empresas familiares, los 25 millones de jóvenes exiliados al campo tras la Revolución Cultural quedaron desempleados.

Como las paraestatales (SOEs o State Owned Enterprises) estaban al borde de la quiebra y eran incapaces de absorber la mano de obra disponible, Deng abrió la posibilidad de crear pequeñas cooperativas en pueblos y aldeas (TVEs o Town and Village Enterprises).

Situadas en poblados pequeños o ciudades medias, las TVEs podían manufacturar y vender todo tipo de bienes - desde mobiliario de oficina hasta zippers- u ofrecer comestibles o servicios a nivel local (por ejemplo, el gigantesco productor de refrescos Hangzhou Wahaha Group nació como una cooperativa de hermanos que producían paletas heladas de noche para venderlas en sus bicicletas al día siguiente).

El único requisito de las TVEs era que todos los miembros de la cooperativa trabajaran a tiempo completo en ellas para así evitar la existencia de dueños y trabajadores o, en jerga marxista, de explotadores y explotados. Para mediados de los 80, las TVEs también producían ensambles y todo tipo de subproductos para las armadores estatales. A finales de los 80 China tenía 20 millones de TVEs con una planta productiva cercana a los 100 millones de personas.

Aprovechando la normalización de relaciones con EU, iniciada bajo Mao con la visita de Nixon a Beijing, Deng comenzó a tejer una compleja red de reformas para atraer inversión, tecnología y *know how* a China.

Primero, en un viaje por Estados Unidos en Febrero de 1979, Deng solicitó al Presidente Jimmy Carter otorgar a China el estatus de Nación Más Favorecida (MFN) en el intercambio comercial. Cuando Carter le recordó que dicho estatus sólo se le concedía a naciones que permitían la libre emigración de sus ciudadanos, Deng contestó irónicamente: "*¿Cuántos chinos quieren? ¿Diez millones les parecen suficientes?*"

Al poco tiempo, Estados Unidos concedió a China el estatus solicitado por Deng.

Dicho estatus hizo posible la transformación de China en la fábrica de manufactura global. Pero la calidad de los primeros productos era ínfima y las ineficiencias de las empresas estatales, mayúsculas. Así que Deng puso manos a la obra: obligó a los directores a adoptar criterios de productividad y control de calidad. También cambió el sistema de remuneración.

Por primera vez en la época moderna, los directivos chinos recibieron bonos y promociones basados en los resultados de sus empresas y a los obreros se les pagó de acuerdo a su productividad personal.

La nueva cultura de trabajo no tardó en atraer la atención

de los empresarios chinos exiliados. Radicados en Hong Kong, Macao o Taiwán y con acceso a los mercados mundiales, estos empresarios buscaban oportunidades de inversión en China. Pero las políticas de Mao y los cambios pendulares en el rumbo del País eran demasiado riesgosos. Ahora, bajo Deng, la estabilidad y clima político eran de nuevo propicias para invertir (¿será que le mandamos este librito a AMLO y a Poncho Romo?).

Según una historia muy difundida, fue un empresario chino radicado en Hong Kong el que propuso lo que eventualmente sería el motor económico de China: las SEZs (Special Economic Zones).

Este empresario buscaba mano de obra barata para desarmar barcos viejos y convertirlos en chatarra. Pero su proyecto no era viable pues los salarios de Hong Kong eran demasiado elevados. Entonces, el empresario propuso a Zhao Ziyang crear una zona cercana a la costa para emplear mano de obra china.

La idea llegó a oídos de Deng que la apoyó como uno de tantos experimentos económicos que valía la pena intentar (según otras versiones, la idea vino de Zhao o del propio Deng tras una visita a las SEZs de Irlanda o, en tiempos más recientes, se dice que quien sugirió la idea fue el padre de Xi Jinping).

Al margen de quién lo haya sugerido, el proyecto fue un éxito rotundo. Pronto, empresarios de Hong Kong, Macao y Taiwán tocaron a las puertas de China y cuatro zonas de la costa china recibieron el status de zonas económicas especiales o SEZs. Como el capital venía de chinos exiliados, Deng pudo recibir dinero fresco sin incurrir en la crítica nacionalista y xenófoba de estar vendiendo el País a los extranjeros.

Para mediados de la década de 1980, el éxito de las SEZs era innegable y las ciudades costeras eran un imán para aquella parte de la población que soñaba con mejorar sus ingresos. Este era el momento que Deng esperaba para volver a abrir las ventanas de China al mundo.

Impulsados por la competencia global, empresarios del Japón, Corea del Sur, los Estados Unidos y Europa también habían solicitado operar SEZs en China. Pero Deng necesitaba argumentos para neutralizar a los conservadores que destacaban las similitudes entre las SEZs y las concesiones del siglo 19 que desembocaron en los 100 años de humillación de China.

Ahora, con evidencias fehacientes de las ventajas de las SEZs, Deng al fin pudo desafiar a los conservadores del Partido.

Armado con la historia de éxito de las SEZs costeras, Deng creó la ideología que todavía hoy justifica el estrafalario matrimonio entre el capitalismo global y el comunismo chino: "el socialismo con características chinas".

Bajo el lema de "enriquecerse es glorioso", Deng demostró que la apertura económica beneficiaba al Partido al elevar el nivel de vida de la población y alejar el fantasma de un estallido social. Dicho en otras palabras: mientras la población pudiera ganar dinero, el Partido seguiría gozando del apoyo popular y podría permanecer en el poder pese a limitar las libertades políticas y civiles de los chinos.

Para 1986, Hu y Deng habían conseguido la aprobación del Partido para establecer 14 SEZs adicionales en el interior de China, mismas que Zhao Ziyang se encargó de poblar de maquiladoras extranjeras. Para finales de la década de los 80, alrededor de 50 mil fábricas de inversión extranjera directa operaban en la China de Deng Xiaoping.

La llegada de las SEZs al interior de China permitió a algunas de las provincias menos productivas del País recibir capitales foráneos para el desarrollo de proyectos de infraestructura y turismo, generando un desarrollo más equilibrado.

Tercera Modernización: Tecnología

Además de los evidentes beneficios políticos y económicos, la inversión extranjera en las SEZs hizo posible la Tercera Modernización. Una vez establecidas, las maquiladoras extranjeras importaron tecnología de punta y equipos de manufactura hasta entonces desconocidos en China.

Las nuevas empresas capacitaron a centenares de trabajadores chinos en el uso de tecnología, filosofías de producción, control de riesgos y prácticas de seguridad. Decenas de egresados universitarios recibieron cursos de idiomas, administrativos, know how financiero y comercial para desarrollar sus labores como mandos medios.

Adicionalmente, la manufactura de productos tecnológicos y acceso a los secretos industriales de cotizadas marcas que elaboraban sus productos en China, permitió a los ingenieros chinos copiar las entrañas de productos sumamente cotizados como computadoras personales, telefonía inalámbrica, equipos de sonido de alta fidelidad, etc.

Para finales de la década de los 90, decenas de empresas chinas comercializaban "fake originals" (originales falsos) o réplicas pirata de productos occidentales, creando más empleo y permitiendo a los ciudadanos chinos disfrutar los beneficios de la tecnología de consumo.

La tendencia de los "fake originals" se replicó en una gama infinita de productos que iban desde el calzado deportivo, los equipos quirúrgicos y hasta maquinaria industrial.

Por esta vía, China se hizo de una planta productiva moderna, una planta laboral disciplinada y productos de manufactura local para el creciente mercado interno.

Pero, contrario a la creencia occidental, no todo era copiar patentes y falsificar marcas. Desde su acceso al poder en 1978, Deng estaba convencido que el desarrollo de China requería una juventud universitaria educada en algo más sustancial que el Pequeño Libro de Mao. Por eso, Deng instruyó a las Universidades del País vincularse instituciones educativas en Estados Unidos y Europa.

Bajo el esquema de "instituciones hermanas", millares de jóvenes chinos recibieron becas para ir al extranjero y adquirir conocimientos de ingeniería, administración, mecatrónica, manufactura, economía y otras disciplinas necesarias para impulsar el desarrollo. Desde finales de los 80, China es el País que más jóvenes tiene estudiando en el extranjero.

Pero el líder que tan mal la pasó en París en su juventud no midió las consecuencias de su estrategia educativa. Terminados los estudios, miles de jóvenes regresaban a su Patria donde les esperaban empleos o labores de docencia universitaria y libertades limitadas por el Partido Comunista.

Tras probar las mieles de la libertad en Europa o Estados Unidos, los repatriados comenzaron a topar con las restricciones intelectuales, de expresión y políticas características del comunismo. A esta nueva élite educada en el extranjero, la imposibilidad de influir en las decisiones del Partido y modificar el rumbo del País le pareció particularmente agraviante.

Además, para 1980 el ritmo desigual del desarrollo comenzó a generar malestar entre la población: mientras las SEZs prosperaban, las ciudades del interior y el campo mantenían un nivel de vida mediocre. La poca disponibilidad de bienes de consumo causó inflación y la migración de trabajadores a las zonas prósperas generó roces, demanda de vivienda y un alza en los índices de criminalidad.

Temerosos de que las nuevas libertades desembocaran en manifestaciones como las de Solidarnosc en Polonia, el Partido lanzó una nueva campaña contra la "contaminación espiritual" y el "liberalismo burgués" investigando y castigando a quienes públicamente ostentaran su riqueza.

Después de una breve campaña de censura y persecución en 1983, de nuevo Deng, Zhao y Hu se impusieron a los conservadores y lograron despenalizar el consumo. "Qué importa si se meten unas cuantas moscas -declaró Deng- si abrimos un poco las ventanas".

Pero Deng subestimaba el nivel de descontento de la población urbana. En pocos años, el enjambre de moscas sería tan denso que no sólo retrasaría sustancialmente la Cuarta Modernización de China -la militar- sino que pondría en jaque todo el proyecto y el liderazgo de Deng Xiaoping.

Quinta Modernización: Democracia

Desde 1978, Deng dejó claro que las 4 Modernizaciones eran un "ejercicio en la preservación del poder". Es decir, el fin último de la modernización de China no era deshacerse del Partido Comunista, sino reforzar su monopolio político.

El límite de la flexibilidad ideológica de Deng quedó claro cuando ese mismo año apareció un artículo en el llamado "Muro de la Democracia" exigiendo a la población luchar por una Quinta Modernización: la modernización del sistema político.

En el texto, Wei Jingshen -un ex-soldado que trabajaba de electricista en el zoológico de Beijing- llamaba a Mao un "autócrata auto-exaltado" que se hizo pasar por un dios y se atribuyó los logros del pueblo como propios. Wei criticaba también a Deng por su afán de mantener intacto el prestigio del Gran Timonel.

Deng -decía el texto- respetaba a Mao por haberle perdonado la vida, pero traicionaba a la verdad y a los millones que no habían corrido con la misma suerte.

Habiendo sufrido la persecución de la Revolución Cultural y viajado por el País como soldado siendo testigo de la miseria de millones y la prosperidad de la élite gubernamental, Wei argumentaba que las 4 Modernizaciones solo servirían para incrementar la desigualdad, la miseria y corrupción a menos que el programa incluyera una Quinta Modernización: la creación de un regimen democrático para que el pueblo pudiera "elegir y reemplazar a sus representantes".

El texto de Wei Jingshen cimbró a la élite del Partido. Wei fue acusado de ser "contra-revolucionario" y encarcelado hasta 1993.

Pero su argumento no cayó en oídos sordos: a lo largo de los siguientes años, el llamado de Wei a la Quinta Modernización recurriría entre los estudiantes de la Universidad de

Beijing y, eventualmente, encontraría eco entre los miembros reformistas del Partido. A una década de su publicación, el texto de Wei Jingshen inspiró las protestas de la Plaza de Tiananmen.

A lo largo de la década de 1979-89, los logros económicos de China fueron producto de la astucia de Deng. Rodeado por los "Inmortales", una gerontocracia conservadora cuyo prestigio se derivaba de haber luchado junto a Mao, Deng improvisó una ruta para China que él mismo describió como "cruzar un río en la oscuridad, agarrándose de las piedras que uno encuentra en el camino" (o, como quien dice, a palos de ciego).

Lejos de las políticas lineales y las recetas dogmáticas de la revolución marxista, Deng optó por llevar a China hacia el capitalismo con total flexibilidad. A veces, la flexibilidad implicaba dar la razón a los conservadores para impedir perder su apoyo. En otras, Deng prefería ponerse del lado de los reformadores aún cuando avanzar supusiera "agarrar una piedra de la derecha".

El proceso fue posible gracias a la forma en que Deng organizó el poder -y su lugar dentro de él- tras la muerte de Mao. Apenas ascendido al puesto supremo, Deng comprendió que el Partido lo había elegido como sucesor con la convicción que nunca más el Estado debía ser rehén de un solo hombre. Así que una vez consolidado su liderazgo, Deng renunció a todos sus puestos, salvo la Comisión de Asuntos Militares (CAM).

Engañosamente nombrada, la Comisión de Asuntos Militares es el puesto más importante en el comunismo chino donde el Partido supervisa al Ejército. El líder de la Comisión es en paralelo el civil con mayor poder sobre el Partido y el jefe supremo del Ejército.

Pese a este poder, Deng no actuaba a voluntad: sus decisiones debían contar con la aprobación del Secretario General del Partido, el Presidente del País y/o el Premier. Para asegurar las reformas, Deng puso a Hu Yaobang, un reformista de 62 años al frente del Partido; a Zhao Ziyang, cerebro gris de la reforma agrícola, lo nombró Premier. El cuñado de Deng, Li Peng fue elegido Presidente para dar voz a los conservadores.

Para evitar su intromisión en asuntos del gobierno, Deng fomentó la jubilación de los "Inmortales" veteranos de la Revolución y la Larga Marcha. A cada "Inmortal" le otorgó una villa en Zhongnanhai, el complejo habitacional de lujo construido por Mao dentro de la Ciudad Prohibida. Ahí, Deng organizó a los ancianos en un "Consejo Consultivo" al que él y los demás miembros activos del gobierno podían recurrir (aka, un Consejo de Dinosaurios).

Con estas deferencias, los "Inmortales" podían ejercer algo de su poder perdido y Deng podía vigilarlos para impedir un complot en su contra. Así, pese a las irreconciliables diferencias de los miembros de la élite política, Deng consiguió la aprobación de sus reformas y que las Modernizaciones generaran su propia inercia.

Desafortunadamente para la causa de Deng, el texto de Wei Jingshen seguía siendo una herida abierta que lograría romper el frágil equilibrio entre reformistas y conservadores, obligando a Deng a tomar partido.

El "Gorbachev Chino"

Para mediados de la década de los 80, la economía de dos velocidades que imperaba en China había producido señales visibles de desigualdad. Bajo el lema de "enriquecerse es glorioso" los empresarios chinos gozaban de estilos de vida y consumo similares a los de sus pares occidentales, mientras los trabajadores estatales y profesionistas sufrían los efectos de la inflación en sus magros salarios gubernamentales.

Una vez más, Deng tuvo que acallar a sus críticos prometiendo que la prosperidad del "socialismo con características Chinas" eventualmente alcanzaría a todos: *"Hay que dejar -* dijo en 1984- *que unos se enriquezcan antes que otros".*

La fórmula no convenció más que a quienes ya gozaban de los frutos de las reformas. Para el Partido, el "socialismo con características chinas" que predicaba Deng se parecía demasiado al capitalismo burgués. Para el grueso de la población, el nuevo "socialismo" solo beneficiaba a las élites de poder y a los hijos de los altos funcionarios de gobierno.

En 1986, inspirado en el texto de Wei Jingshen, el astrofísico y Presidente de la Academia China de Ciencia y Tecnología, Fang Lizhi, realizó un tour por las principales universidades del País. En sus pláticas, Fang animó a los estudiantes a pugnar por la democracia que, dijo, por definición no les sería concedida desde arriba.

En Noviembre, centenares de estudiantes y profesores de Beidha, la Universidad de Beijing, salieron a las calles a exigir la Quinta Modernización y la liberación de Wei Jingsheng y demás presos políticos. Un nutrido grupo de manifestantes se apoderó del lugar tradicional de transmisión y legitimación del "Mandato del Cielo": la Plaza de Tiananmen.

Furioso ante la posibilidad de ver desequilibrado el frágil balance de poder, Deng ordenó remover a Fang Lizhi de su puesto y expulsarlo del Partido.

Pero el daño estaba hecho: el Partido se fracturó, con Hu y Zhao pidiendo calma y diálogo a favor de los estudiantes, mientras los conservadores y el Consejo de Ancianos exigían mano dura.

Envalentonados por el apoyo de una facción del Partido, los estudiantes regresaron a Tiananmen día tras día, hasta que el 1 de Enero de 1987 se toparon con la policía. Cerca de 30 estudiantes fueron arrestados y el resto se dispersó, voluntariamente evitando una escalada de violencia.

Las cosas regresaron a la normalidad. Pero la calma era ilusoria: fuera de la vista de las autoridades, a lo largo de 1987-89, el descontento de los estudiantes fue en aumento. Amén de la situación económica y la falta de libertades, China entera seguía el experimento de la Perestroika y Glasnost de Mikhail Gorbachev.

En Beijing, el chivo expiatorio de las manifestaciones de 1986-7 fue el Secretario General del Partido, Hu Yaobang, a quien los conservadores acusaron de fomentar las manifestaciones con su apoyo, su disposición al diálogo y su defensa de Fang Lizhi.

Apenas pasada la crisis, Hu Yaobang presentó su renuncia.

Aunque sufrió un ataque al corazón poco después, creando una justificación para prescindir de él, nadie dudó que su relevo era un castigo por haber desafiado al Partido.

Para los estudiantes y disidentes, Hu Yaobang se convirtió en el "Gorbachev Chino": un foco de esperanza, una figura reformista y accesible capaz de combinar el plan económico de Deng con las libertades políticas exigidas por el pueblo.

En menos de dos años, Hu Yaobang y Mikhail Gorbachev desencadenarían la crisis final de la Era Deng.

La Masacre de la Plaza Tiananmen

En la mañana del 8 de Abril de 1989, el Politburó del Partido Comunista Chino discutía la visita de Gorbachev a Beijing, programada para el mes de Mayo. En particular, al Politburó le preocupaban las manifestaciones que la visita del reformista mandatario soviético pudieran desencadenar entre los estudiantes.

De pronto, Hu Yaobang se desplomó en su silla, víctima de un infarto. Una semana más tarde, murió en el hospital.

Centenares de estudiantes acudieron a la Plaza de Tiananmen a despedirlo y la escena fue replicada en otras ciudades de China.

Obligado a ocupar un puesto secundario desde los disturbios de 1986-7, Hu representaba para miles la posibilidad de una apertura política como la que ocurría en Europa del Este. Entre los estudiantes, corrían rumores que el infarto había sido provocado por una violenta discusión con Li Peng para evitar el despliegue de tropas durante la visita de Gorbachev.

Cuando el Partido prohibió el luto tradicional en memoria de Hu, el funeral se transformó en una manifestación política en pro de la democracia, la libertad y el imperio de la ley.

Instalados frente al Salón de los Héroes donde yacía el cuerpo de Hu Yaobang, los estudiantes exigieron al Partido llevar a cabo los ideales del líder muerto. Para el 22 de Abril,

100 mil estudiantes habían tomado posesión de Tiananmen y exigían la presencia de Li Peng para dar a conocer sus exigencias.

Atrincherados en sus villas de Zhongnanhai, los líderes del Partido esperaban que el problema se disolviera como en 1987. Pero conforme pasaban los días, más estudiantes acudían a Tiananmen, resucitando en las mentes de los Ancianos el espectro de la Revolución Cultural.

El 22 de Abril, al grito de "Diálogo! Diálogo! Diálogo!", 200 mil estudiantes acompañaron el cortejo fúnebre de Hu Yaobang por las avenidas de Beijing.

Como medida de precaución, Deng había ordenado traer a la capital a 9 mil soldados para mantener el orden. Tenía la esperanza que, una vez terminado el sepelio, las cosas regresaran a la normalidad.

Pero en lugar de menguar tras el entierro de Hu, las multitudes crecieron. En la última semana de Abril, las protestas superaron aquella del 4 de Mayo de 1919 que diera vida al Partido Comunista.

Aterrados, los líderes de Zhongnanhai crearon un "Grupo para Detener los Tumultos". Ante la ausencia de Zhao Ziyang -de visita en Corea del Norte- y con un anciano Deng intentando no ser señalado por el alboroto, el Grupo tomó su liderazgo de Li Peng.

Viejo oponente de las reformas y encumbrado para dar voz a los conservadores, Li se pronunció por la mano dura. El primer acto de su "Grupo" fue publicar un artículo en el Diario Oficial llamando a los manifestantes "contaminadores espirituales" y "liberales pequeño burgueses" que buscaban infectar a la población con un culto al dinero y al consumo occidental.

La editorial -reproducida a lo largo y ancho de China- incendió los ánimos de los estudiantes. Para el septuagésimo aniversario del 4 de Mayo, 150 mil estudiantes se congregaron en Tiananmen. En 80 ciudades más, medio millón de estudiantes también salieron a la calle a protestar la campaña de desprestigio.

En un acto desafiante para "desenmascarar a los verdaderos pequeño burgueses", los estudiantes exigieron al Partido revelar los salarios de sus dirigentes y hacer públicos los negocios de los hijos de la élite.

Ante la negativa de Li Peng a dialogar, una multitud intentó forzar la entrada a las villas de Zhongnanhai. Los estudiantes fueron repelidos a golpes y cachiporrazos por la guardia.

Alarmado por el curso de los acontecimientos, apenas de regreso de Pyongyang, Zhao Ziyang envió a su mano derecha a dialogar con los estudiantes. Pero el delegado fue rechazado como interlocutor: los estudiantes querían a Li Peng en persona y exigían cobertura televisiva en vivo del encuentro.

Por su parte, Li convenció a los Ancianos que ceder a las exigencias de los estudiantes mostraría miedo y debilidad. El diálogo se llevaría a cabo a puerta cerrada con una delegación de estudiantes una vez que Tiananmen hubiera sido liberada.

Conforme pasaban los días sin una resolución, la doble pesadilla de los conservadores del Partido se materializaba: de un lado, otros sectores -periodistas, mineros, ugiures (la etnia islámica de China)- se unían a la petición de apertura y derechos políticos. Por otro lado, la prensa extranjera acreditada para cubrir la inminente visita de Gorbachev ventilaba los problemas internos de China al mundo.

En la segunda semana de Mayo, mil estudiantes se pusieron en huelga de hambre para presionar a Li Peng.

El 15 de Mayo Mikhail Gorbachev aterrizó en Beijing. Publicitada como una ocasión histórica, la visita fue desastrosa: el ilustre huésped tuvo que ser introducido por la puerta de servicio de la Ciudad Prohibida, las apariciones públicas del líder soviético al lado de Deng, Zhao o Peng fueron canceladas.

La prensa occidental se desinteresó de las discusiones entre los líderes de los colosos comunistas, prefiriendo el espectáculo de un millón de jóvenes exigiendo diálogo a la sombra de una estatua de hielo seco de 10 metros que representaba a la Diosa de la Libertad y la Democracia.

Sabedor que la paciencia de los conservadores se agotaba y que esta vez Deng no metería las manos al fuego por ellos, los reformistas Zhao Ziyang y Yan Mingfu acudieron a nombre propio a dialogar con los estudiantes. Con lágrimas en los ojos, Zhao suplicó a los jóvenes desalojar Tiananmen para evitar una tragedia.

La visita de Zhao no tuvo más efecto que fracturar el movimiento estudiantil: mientras los jóvenes más moderados liderados por Wang Dan y Wuerkaixi votaron por dejar la Plaza en señal de respeto y disposición a entablar un diálogo fructífero; la facción de Chai Ling y su marido tacharon a Wang y Wuerkaixi de derrotistas y los acusaron de querer echar en saco roto lo avanzado.

La discusión endureció la postura de los estudiantes: la mayoría se inclinó por quedarse en Tiananmen y 2 mil estudiantes más se unieron a la huelga de hambre.

En Zhongnanhai, la intransigencia también se hizo del liderazgo. El 17 de Mayo, Deng convocó una junta en su residencia y anunció su decisión de imponer ley marcial: la estabilidad del País era más importante que la democracia; y la subversión del ideal comunista sería combatido con la fuerza.

Diez divisiones del Ejército fueron llamadas a la capital.

Una vez más, Zhao Ziyang fue a Tiananmen a suplicar a los estudiantes evacuar la Plaza, pero tampoco tuvo éxito. Opuesto a la Ley Marcial, Zhao se encerró en su despacho y redactó su renuncia pero sus colegas le convencieron de no presentarla.

Poco importó: dos días más tarde fue relevado de su cargo por haber "apoyado a los estudiantes" y fue reemplazado por Jiang Zemin, el gobernador de Shanghai.

El 21 de Mayo, el "Grupo para Detener los Tumultos" ordenó al Ejército avanzar sobre Tiananmen, pero los soldados ese toparon con 2 millones de ciudadanos comunes cerrándoles el paso. y no tuvieron más opción que retroceder.

Humillado por la resistencia pacífica de Beijing, Li Peng amenazó a quienes se opusieran al despliegue del ejército con la pérdida de empleos y oportunidades educativas.

El 2 de Junio, con los accesos a la Plaza despejados, Deng ordenó desalojar Tiananmen antes de las 6:00 AM del día 4.

Por la tarde del 3 de Junio, el sistema de sonido de Tiananmen conminó a los estudiantes a dispersarse. En las calles aledañas a la Plaza, centenares de soldados tomaron posiciones y una columna de tanques circuló por la Avenida Chang'an. Un solitario oficinista -saco y portafolio en mano- se paró frente a los tanques e intentó desviarlos.

A las 10:30 PM del día 3 comenzaron los disparos.

Tanques y vehículos blindados saltaron y arrollaron las barricadas erigidas por los estudiantes. La Diosa de la Democracia fue derribada y aplastada por las orugas de los tanques. Las luces se apagaron y comenzó el caos.

La Plaza se llenó de las percusiones insistentes de las ametralladoras. Los tanques arremetieron contra las casas de campaña de los huelguistas de hambre y las arrollaron con sus ocupantes aún dentro. Las cachiporras y botas cosieron a golpes a los jóvenes a su alcance.

Para las 5:30 AM del 4 de Junio, Tiananmen lucía desierta, su silencio roto por los intermitentes tiros de gracia a la distancia.

El número de víctimas nunca se sabrá: para el Partido sólo contaron los soldados fallecidos. Los estudiantes hablan de 7 a 10 mil muertos. Los récords de los hospitales cercanos fueron destruidos y maquillados. Ningún doctor o personal de emergencia tiene permiso para hablar sobre lo que vio u oyó esa noche.

Las protestas por lo ocurrido en Tiananmen sacudieron a 63 ciudades de China, pero las manifestaciones se disolvieron tan espontáneamente como habían surgido.

El mensaje había quedado claro: el Partido no toleraría ser desafiado.

La intención de Deng Xiaoping -como la de Gorbachev- nunca fue convertir a su país en una democracia. Muy por el contrario, las reformas se planearon como un "ejercicio en la preservación del poder" del Partido Comunista: elevar el nivel de vida de la población para evitar un levantamiento contra el Partido. O, en la famosa fórmula de la época: un cambio para que nada cambie.

En el plano internacional la Masacre de Tiananmen apenas provocó condenas y sanciones. Abandonados a su suerte, los líderes estudiantiles huyeron o fueron encarcelados.

Habiendo sobrevivido el reparto de culpas, Deng optó por bajar su perfil y salvar sus reformas.

---

1. Pantsov, 24.

6

LA NUEVA RUTA DE LA SEDA (BRI)

En los tumultuosos meses post-Tiananmen marcados por la caída del Comunismo en Europa del Este, lo mejor para todos los involucrados en la Masacre fue mantener un perfil bajo. Li Peng y los conservadores rehuían ser señalados por exigir el uso de la fuerza; Deng temía que los conservadores usaran las protestas para cancelar la reforma económica.

Zhao Ziyang, chivo expiatorio de los disturbios, fue sustituido como Premier por Jiang Zemin -el jefe del Partido en Shanghai que contuvo las manifestaciones en esa ciudad sin recurrir a la violencia. Tras la debacle encabezada por Li Peng, Hu Jintao llegó al liderazgo del Partido. Tanto Jiang Zemin como Hu Jintao eran hombres de Deng.

Para contravenir las críticas por el enriquecimiento ilícito de sus miembros, el Partido lanzó una campaña de austeridad. A la élite del Partido se le prohibió tener a más de un hijo dedicado a la política.

Según la propaganda oficial, los disturbios de Tiananmen fueron "obra de fuerzas hostiles al interior y exterior del

País", mismas que deseaban derrocar a los líderes del Partido e instaurar un gobierno títere de los intereses capitalistas de Occidente.

La mentira sirvió para absolver de culpa a todos los involucrados y estimular el nacionalismo: el Partido no dejaría que China volviera a ser víctima de extranjeros que buscaban desestabilizarla para explotarla. De la mano del Partido, China realizaría su rejuvenecimiento cultural y haría realidad el sueño de convertirse en una Nación fuerte y respetada a nivel global.

Pero antes de soñar, Deng Xiaoping -el superviviente de tantas purgas y cambios de rumbo- debía asegurar la continuidad de sus reformas.

Tao Guang Yang Hui: Mantén un Perfil Bajo

La fórmula que permitió a Deng sobrevivir a la volubilidad de Mao fue "tao guang yang hui": mantén un perfil bajo. O, en términos de Deng: *"Observa tranquilamente la situación. Mantente firme en tus posiciones. Responde cautelosamente. Esconde tus capacidades y espera el momento oportuno. Nunca asumas el liderazgo."*

Si bien es cierto que gracias a esta discreción Mao jamás vio a Deng como una amenaza a su hegemonía, la modestia del hombrecito de Sichuan tampoco engañó al Gran Timonel.

Bajo la fachada humilde, Mao siempre supo que Deng era un revolucionario implacable. Por eso, cuántas veces hubo que poner orden, Mao hizo comparecer a Deng: *"Traigan a Deng,"* -ordenó tras el supuesto complot para asesinarlo de Lin Biao- *"Hay mucha gente que le tiene miedo al chaparrito".*

Tras los eventos de Tiananmen, Deng recurrió una última vez a la modestia para salvar a sus reformas. Discretamente, antes del fin de año, renunció a su cargo al frente del MAC para convertirse en uno más de los Ancianos. *"Si tengo alguna buena idea"* -dijo con característica humildad- *"se la haré saber al Partido"*.

Jiang Zemin heredó el liderazgo del MAC. Con iguales dosis de firmeza y mesura, Deng y sus hombres de confianza -Jiang Zemin y Hu Jintao- bloquearon exitosamente los intentos de Li Peng y los conservadores de frenar la apertura, volver a colectivizar la tierra y purgar a las SEZs de "elementos capitalistas".

En la Primavera de 1992, a sus 88 años, Deng Xiaoping lanzó su última ofensiva para salvar a sus reformas. En un tren privado y aquejado de mal de Parkinson's, el anciano líder hizo un tour de 5 semanas por las SEZs del sur de China, enfatizando la necesidad de continuar con la apertura, y atraer capital y tecnología extranjeras.

Refutando a quienes buscaban aislar a China para evitar una contaminación ideológica, Deng declaró: *"debemos absorber audazmente e inspirarnos en todos los frutos de la civilización creados por la Humanidad... incluyendo los frutos de las naciones capitalistas avanzadas"*.

El mensaje de Deng quedó claro: no habría marcha atrás ni al aislacionismo comunista de Mao, ni a la ilusoria superioridad cultural de la China Imperial. A seis meses del Tour de Sur, la economía China recuperó su arrollador paso: creció 16% a lo largo de tres años consecutivos, la producción industrial se incrementó 19% y la inversión extranjera directa en 30%.

El sustento y bienestar de millones de familias chinas

quedaron inextricablemente ligados a la inversión extranjera y a la manufactura, haciendo irrevocable la apertura de Deng.

Para evitar la tentación de regresar a la pesadilla de las granjas colectivas o a la improductividad subsidiada, se brindó a los campesinos la opción de arrendar la tierra hasta por 30 años y se cerraron las fábricas estatales incapaces de generar ganancias.

Utilizando el empuje y apoyo de líderes regionales que veían crecer la productividad, recaudación y progreso de sus provincias, Deng, Jiang y Hu maniataron a Li Peng y a los conservadores.

En una discusión particularmente agria sobre el curso capitalista que seguía China, el vice-premier Tian Jiyun retó a los conservadores a crear SEZs donde en lugar de las políticas de Deng, se aplicaran las de Marx y Mao.

En dichas zonas habría inversión gubernamental en vez de inversión extranjera; en lugar de competitividad, habría subsidios; en lugar de empresa libre, habrían paraestatales.

Tras describir la hambruna, las carencias, el desabasto de productos básicos, la falta de libertades para educar a sus hijos o viajar, Jiyun lanzó una pregunta retórica: ¿Estarían los críticos de Deng dispuestos a mudarse a vivir ahí con sus hijos?

El silencio que siguió fue elocuente.

Aunque todavía viviría un lustro -hasta el 19 de Febrero de 1997-, Deng Xiaoping se fue esfumando de la vista pública y de la toma de decisiones. Pero discretamente, el "chaparrito de Sichuan" dejó un legado mayor, menos sangriento y con más futuro que el del Gran Timonel.

Bajo la filosofía de "tao guang yang hui", Deng Xiaoping

logró lo que ningún otro líder de izquierda ha logrado: ir del dogmatismo marxista al capitalismo de Estado; de la hambruna y miseria a la creación relámpago de una clase media de 800 millones de personas; de la improductividad y los subsidios a una economía que se ha multiplicado 14 veces desde 1978; del aislacionismo al estatus de superpotencia global.

Hoy por hoy, millones de chinos concuerdan con la visión pragmática de Deng Xiaoping: poco importa de qué color sea el gato, siempre y cuando sea capaz de atrapar ratones.

20 Años de Oportunidad

Ratificado para un periodo de 5 años tras la muerte de Deng (1997-2002), Jiang Zemin nunca dudó que su prioridad debía ser consolidar el legado de su antecesor. Para romper definitivamente el "tazón de arroz de hierro" -la garantía de un subsidio alimenticio permanente- Jiang designó como su zar económico y Premier a Zhu Rongji.

Siguiendo con el perfil bajo de la filosofía de Deng, Zhu es el héroe anónimo de la transformación definitiva de China. Con iguales dosis de visión y determinación, Zhu Rongji reestructuró el sistema tributario, cerró centenares de paraestatales y aplicó criterios económicos a las restantes.

Bajo Zhu Rongji, el ingreso de millones de trabajadores chinos del sector público quedó a merced de su productividad personal y no de la generosidad del Estado. Centenares de burócratas fueron despedidos y tuvieron que colocarse en el sector privado, donde regían criterios de productividad y resultados.

En paralelo, Zhu inició el arduo proceso de liberar los

precios del control estatal y, contra los deseos y conveniencia de empresarios chinos que vivían de ello, ingresó a China en la Organización Mundial de Comercio comprometiéndose a castigar la piratería de patentes y marcas.

El desempleo y la inflación se dispararon. Dentro y fuera del Partido muchos exigieron la destitución de Zhu. Pero Jiang Zemin se mantuvo firme, convencido que el futuro dependía que China representara para el mundo "fuerzas productivas avanzadas", "una cultura de vanguardia" y "los intereses fundamentales de la mayoría".

Para 2002 cuando Jiang Zemin entregó el poder a Hu Jintao, otro sucesor designado por Deng y ratificado por el Decimosexto Congreso del Partido, Hong Kong (1999) y Macao (2001) habían regresado a China, 100 millones de chinos trabajaban en la iniciativa privada y las reformas de Deng estaban a salvo.

El retorno de Hong Kong y Macao representó para China la desaparición de los últimos vestigios de los "100 años de humillación". Pero lejos de unirse al triunfalismo que embargaba al Partido, en su Informe final Jiang Zemin advirtió que el objetivo de sobrepasar a EU en productividad aún lucía lejano.

China, profetizó en 2002, tenía frente a sí una ventana de 20 años de buenas relaciones con Estados Unidos para consolidar las reformas, crecer la economía y modernizar la planta productiva.

Después... cuando las relaciones con EU se agriaran, China estaría lista para hacer temblar al mundo.

Xi Jinping: El Rejuvenecimiento de China

El heredero de las reformas de Deng y la buena administración de los sucesores del "chaparrito de Sichuan", fue Xi Jinping. Elegido por el Pleno del Partido para suceder a Hu Jintao en Noviembre del 2012, Xi es probablemente el hombre más venerado en China desde Mao.

Desde 2017, el mandato de Xi no tiene fin preestablecido y el "Pensamiento de Xi Jinping" es el preámbulo de la Constitución de China. Ideológicamente, sus pronunciamientos están a la altura del Marxismo-Leninismo, el Pensamiento de Mao y la Teoría de Deng.

Toda esta admiración oculta que Xi no siempre fue bienvenido en el Partido Comunista de China. Nacido en Beijing el 1 de Junio de 1953, Xi tenía 9 años cuando su padre, Xi Zhongxun -un distinguido militar de la Guerra Civil y la Ocupación Japonesa- fue destituido de su cargo en el Ministerio de Propaganda por haber autorizado la publicación de una novela aparentemente crítica de Mao.

La familia de Xi tuvo que depender del ingreso de la madre Qi Xin, maestra en el Instituto de Marxismo Leninismo de Beijing mientras el padre se hacía cargo de los niños. Tres años más tarde, el padre de Xi fue nuevamente acusado de pertenecer a un grupo contrario al Partido y enviado a un "programa de reeducación ideológica" en un campo de trabajos forzados. La caída en desgracia de su padre impidió a Xi unirse a la Juventud Comunista y, por lo mismo, el joven no participó en la Revolución Cultural.

En 1969, cuando Mao desbandó a la Guardia Roja, y pese a no haber tomado parte en las violentas campañas de sus compañeros de escuela, Xi - como parte de la "juventud urbana aburguesada"- fue enviado a trabajar en el campo. En Shaanxi, el joven permanecería los siguientes 7 años asignado a trabajos de campesino, mecánico de tractores, e inclusive médico rural (sin preparación alguna).

Pese a la desgracia de su padre y a su propio predicamento, Xi anhelaba pertenecer al Partido Comunista de China. Sabía que era la única forma de salir de su predicamento, conseguir una educación y quizá ayudar a su padre. Así, mientras trabajaba en Shaanxi, el joven aplicó al Partido Comunista. Diez veces fue rechazado. Cuando el Partido al fin lo aceptó en 1974, Xi pudo volver a la capital al lado de su madre, dos hermanas y hermano menor.

Pero las cosas aún lucían complicadas para la familia, toda vez que el padre, Xi Zhongxun, seguía en el exilio. Con su característico tesón y sin estudios formales, Xi Jinping logró ingresar a la Universidad Qinghua a estudiar ingeniería química. Por esos días, la calidad de la educación era ínfima toda vez que decenas de maestros habían sido removidos o asesinados por la Guardia Roja durante la Revolución Cultural.

Pero la fortuna estaba por cambiar para la familia del futuro líder de China: con la muerte de Mao y el arresto de la Pandilla de los 4, Xi Zhongxun fue rehabilitado. Casi de inmediato, Deng lo envió a la Provincia de Guangdong como segundo secretario del Partido. En Guangdong, el padre de Xi Jinping sería clave para implementar la Segunda Modernización de Deng.

Por intercesión de su padre, Xi consiguió empleo como asistente de Geng Biao, un prominente miembro del Politburó y del Consejo de Asuntos Militares (MAC) a quien Deng encargó buscar en el extranjero modelos e ideas para las 4 Modernizaciones.

En Beijing, Xi formaba parte de la "realeza revolucionaria", es decir, alguien que debía su posición a los contactos de su padre y no a méritos propios. El trabajo era interesante y el futuro promisorio pero, tras cuatro años de trabajar para Geng Biao, Xi decidió dejar Beijing e ir a picar piedra en provincia.

En 1983, decidido a ascender por la jerarquía del Partido por su propio pie, Xi se enroló como funcionario municipal en la provincia de Hebei, cerca de Beijing y finiquitó su primer matrimonio, pues su mujer prefirió volver al lado de su padre en Hong Kong antes que acompañarlo a provincia.

En Hebei, Xi pudo observar la aparición de la clase empresarial creada por las TVEs o cooperativas de pueblos y aldeas. Pero Hebei no estaba lo suficientemente lejos de Beijing para deshacerse de la fama de "realeza revolucionaria". En 1985, Xi obtuvo un puesto con Xian Nan, el cerebro detrás de la prosperidad de la provincia de Fujian.

Frente a la isla de Taiwán, Fujian era una de las SEZs de Deng desde 1980. Pero bajo Xian Nan, la provincia explotó con decenas de inversiones de Taiwán, Japón y Corea. Xi Jinping observaba en primera fila los resultados -positivos y negativos- de la apertura. Tras tres años en Fujian, Xi -en ascenso- fue designado Secretario de Distrito en Ningde, una de las ciudades más pobres de la provincia.

Pese a la aparente democión, en Ningde Xi tuvo oportunidad de encabezar un gobierno por primera vez y, según su biografía oficial, darse cuenta de la corrupción rampante entre la burocracia. Tras una serie de puestos, cada vez más encumbrados -en

Xiamen, Zhejiang y Shanghai- a mediados de la década del 2000, Xi ya era uno de los 200 miembros más importantes del Partido. Su nombre comenzó a sonar para reemplazar a Hu Jintao.

Pero antes de convertirse en heredero oficial, Xi fue designado para coordinar el Comité de los Juegos Olímpicos de Beijing 2008. En un sistema que premia el éxito moderadamente y castiga el fracaso con exageración, Xi sorteó el formidable obstáculo de coordinar unos Juegos Olímpicos sin mancha.

Para el 2012, la carrera, personalidad y trayectoria de Xi Jinping le dieron la victoria sobre su rival Li Keqiang: además ser hijo de un revolucionario destacado, Xi podía presumir no haber tomado parte en los excesos de la Revolución Cultural, tener experiencia de primera mano en el campo, haber trabajado fuera de los ministerios mimados de Beijing, conocer íntimamente los problemas y oportunidades del crecimiento, y estar convencido que China aún necesitaba profundizar las reformas de Deng para hacerse del lugar que le correspondía en el concierto de las Naciones.

La Nueva Ruta de la Seda

En Septiembre del 2013, de visita la Universidad Nazarbayev en la capital de Kazakstan, Astana, el recién ascendido Secretario General del Partido Comunista Chino, Xi Jinping, delineó la estrategia geopolítica de su País para los próximos 35 años.

A través de un inversión masiva en infraestructura en 70 países de Asia, África, América y Europa; China dijo Xi, estaba en proceso de recrear la antigua "Ruta de la Seda".

Trazada en el siglo 2d.C por la Dinastía Han, la "Ruta de

la Seda" fue una red de caminos y posadas para caravanas comerciales que -a lo largo de 10 siglos- facilitaron el tránsito de viajeros, productos e ideas entre China, Europa, Eurasia y el Medio Oriente.

Marco Polo y el Islam fueron algunos de los beneficiarios más ilustres de esta ruta. Como también lo fue la seda que por esta vía, encontró mercados foráneos y se convirtió en una de las exportaciones más lucrativas de la Nación Asiática.

En el presente, dijo Xi, China construía la versión moderna de la Ruta de la Seda, un proyecto para *"promover el flujo ordenado de factores económicos, la asignación altamente eficiente de recursos y la profunda integración de los mercados"* a través de una red de carreteras, vías férreas, ductos energéticos y digitales.

Un mes después, en Indonesia, Xi develó el segundo componente del proyecto: la "Ruta de la Seda Marítima", un proyecto de infraestructura portuaria para conectar el comercio marítimo con las rutas terrestres.

Lo que Xi no dijo en ninguna de las dos ocasiones fue que China llevaba más de 20 años trabajando en el proyecto. Tampoco explicó la razón por la que China lo considera su prioridad nacional, ni dijo cuál era el fin último del mismo.

Recrear la "Ruta de la Seda" nació de los conceptos geopolíticos del estratega Wang Huning y la determinación de Jiang Zemin. Adoctrinado por Deng en la idea que el destino de su Nación era convertirse en potencia mundial, en 1995, Jiang Zemin reclutó a Wang para delinear el camino hacia tan ambicioso objetivo.

Estudioso de los métodos de ingleses, japoneses y americanos, Wang Huning sabía que China debía crear su propio espacio y zona de influencia por la triple vía de la presencia militar, económica y política. De hecho, antes de la llegada de los europeos, China fue una potencia que recibía tributo de decenas de países gracias a su fortaleza en esa tríada de factores.

Para el segundo periodo de Hu Jintao (2007-2013) aunque Wang tenía claro lo que China debía hacer, el camino aún no estaba claro. Pero, de la misma forma que una decisión de Washington destrabó la Cuarta Modernización, sería EU el que abriría el camino al surgimiento de China como potencia global.

En el 2008, la irresponsabilidad financiera del sector hipotecario de los Estados Unidos creó una recesión económica mundial. Con la mayor planta productiva del mundo, China se encontró con mercados contraídos y una baja alarmante en la demanda de sus productos.

De particular gravedad para la economía china -por la cantidad de empleos y el costo de detener sus procesos- la contracción de los mercados amenazaba a las industrias siderúrgica y cementera.

La búsqueda de nuevos mercados no produjo clientes viables, pero si reveló una de las anomalías del orden mundial presidido por EU: si bien la necesidad de inversión en infraestructura era inmensa en muchos países del mundo subdesarrollado, los requisitos impuestos por EU para financiar dichos proyectos excluían a los países más necesitados.

Operadas bajo las reglas de Breton Woods -el orden internacional creado a conveniencia americana tras la Segunda Guerra- instituciones como el Banco Mundial y el Fondo Monetario Internacional únicamente financian proyectos de países dispuestos a plegarse a las tasas de interés de Wall Street y/o a la voluntad política de Washington.

Desgraciadamente, los países que más podrían beneficiarse de esos créditos están en Eurasia, África, América Latina y el Medio Oriente donde -amén de la pobreza- los gobiernos no practican el respeto a los derechos humanos, ni siguen los procesos democráticos requeridos para acceder a un préstamo.

Con una balanza comercial favorable superior a los $260 billones de dólares y la imposibilidad de introducir ese capital al País sin producir una inflación suicida, Wang y el gobierno de Hu Jintao encontraron la solución a sus problemas: China utilizaría sus excedentes de acero y cemento para construir la infraestructura que necesitaban los países subdesarrollados.

Amén de evitar la inflación, China se aseguraría el acceso a los recursos naturales y energéticos indispensables para su economía, al tiempo que abriría nuevos mercados a los productos manufacturados por ellos.

Yidai, Yilu: La Iniciativa Belt & Road (BRI)

El éxito de la estrategia del cemento y el acero fue enorme. Como dijo Hu Yafei en el 2014, China descubrió que "la sobrecapacidad de producción de un País puede satisfacer la necesidad de otro".

Pronto, el aluminio, los fertilizantes y otros productos siguieron la misma lógica: China ofrecía a los países subdesarrollados capital para financiar proyectos de infraestructura a condición de que se construyeran con materiales, especificaciones, supervisión y, al menos una parte de mano de obra china.

Para 2010, China había descubierto ventajas adicionales a

su estrategia: gracias a estos proyectos Beijing gozaba de relaciones favorables para importar energéticos o hacer outsourcing de productos que, por su baja tecnología o mano de obra intensiva, ya no le convenía manufacturar directamente. Con sus nuevos aliados, China descubrió que también podía influenciar los procesos políticos y el voto en la ONU, así como el comercio y los mercados mundiales.

El descubrimiento progresivo del potencial de la estrategia china quedó de manifiesto con la nueva fórmula con la que se designó al proyecto. Atrás quedó la "Ruta de la Seda" que reducía la interacción global a un intercambio de productos.

En su lugar, en el 2012 el Partido Comunista Chino hizo oficial el lanzamiento de "Yidai, Yilu": "Un Cinturón, Una Carretera" o simplemente la Iniciativa del Cinturón y la Carretera (también conocida como OBOR, Belt & Road Initiative o BRI).

La primera fase de este ambicioso proyecto está programada para completarse en el 2021 -a tiempo para el 100 aniversario de la fundación del Partido-y el resto en el 2049 para celebrar el centésimo aniversario del triunfo de Mao Zedong. De ahí que varios analistas hablen de un "Maratón de Cien Años" para alcanzar y sobrepasar a EU.

El cambio de nombre del BRI resulta tan modesto como engañoso si se toma en cuenta que la "Carretera" es la porción marítima del proyecto, mientras que el "Cinturón" es su porción terrestre. Pero, más que una carretera lo que China está haciendo en 80 países del mundo es rediseñar el comercio mundial de acuerdo a sus intereses.

En el 2018, el Belt & Road Initiative incluía alrededor de 1000 proyectos de infraestructura digital, portuaria, carretera, ferroviaria y energética en Eurasia, Europa, África, Medio Oriente y América Latina.

Con tres rutas terrestres y tres marítimas, el Belt & Road permitirá a China acceder a los mercados de consumo y financieros, a la manufactura, agricultura, a la logística y a los sectores de la construcción, energético y turístico de países que cuentan con el 70% de la población global, acumulan el 57% del Producto Interno Bruto, y tienen el 70% de las reservas probadas de petróleo y 65% del gas, creando lo que en efecto será un nuevo orden mundial.

Tianxia: La Comunidad de Intereses

Como Presidente de China para el periodo 2002-2012, Hu Jintao siempre tuvo claro que una demostración súbita del poderío económico o político de China en el escenario mundial podría acarrear problemas para los que su Nación aún no estaba preparada. De ahí que para no alarmar a nadie, la implementación del Belt & Road siguió la fórmula de la discreción predicada por Deng.

Operando bajo la cuádruple filosofía de "selecciona meticulosamente los lugares, despliega tus proyectos discretamente, dale prioridad a las actividades comunes, y penetra gradualmente", el rediseño chino para dominar el comercio mundial apareció en el mapa paulatinamente, casi como si sus creadores lo hubieran trazado con una tinta que sólo se hace visible con el paso del tiempo.

Para cuando el mundo se dio cuenta de la envergadura del Belt & Road, era demasiado tarde para evitar su aparición: Eurasia, el Medio Oriente, África y 16 países de Europa del Este ya estaban endeudadas con China. A los opositores del surgimiento chino no les quedó más que intentar disuadir a otros de unirse a Beijing. Así lo hizo el Secretario de Estado de Trump, Rex Tillerson, al describir al BRI como *"un pacto faustiano en el que los Países sacrifican su independencia a cambio de préstamos baratos"*.

Aún cuando Tillerson tenga parcialmente razón, convencer a Naciones largamente ignoradas por EU de no aceptar dinero chino no es fácil. Máxime si dichas Naciones carecen de alternativas de desarrollo distintas a las ofrecidas por China. Como comentó el ministro de comercio de Pakistán en 2017: *"Para nosotros, China es el único juego en la ciudad"*.

La razón de la preferencia por China quedó en evidencia cuando, tras declarar su "enorme compromiso" con el desarrollo del Indo-Pacífico, el Presidente Donald Trump ofreció US $113 millones para el desarrollo de la región (cifra que, según Peter Frankopan, no rebasa los intereses que Ivanka Trump y Jarod Kuschner recibieron de sus inversiones en el 2017).

Si se le compara a los billones de dólares que Beijing ha invertido y está dispuesto a invertir en las economías de la zona, se entiende porque las naciones han abrazado el Belt & Road. En palabras del Primer Ministro de Cambodia: a diferencia de EU, *"cuando China nos trae una idea, también nos trae el dinero para desarrollarla"*.

Aún así, China ha tenido que refutar las críticas de que su iniciativa es esencialmente colonialista, presentando el Tianxia como la filosofía rectora del Belt & Road.

Acuñada originalmente por Confucio, Tianxia es la responsabilidad del gobernante de velar por los intereses de "todos bajo el Cielo". Es decir, según Confucio, un monarca o régimen conserva el Mandato del Cielo -o bendición del Universo para gobernar-, únicamente si implementa políticas que beneficien a todos sus súbditos.

En el contexto del Belt & Road, el Tianxia busca despejar las sospechas que el orden mundial presidido por China acabará sirviendo unilateralmente a los intereses de Beijing. Por ello, Xi Jinping insiste cada que puede en que el Belt & Road Initiative servirá a una *"comunidad de intereses compartidos"* lo que implica que generará beneficios mutuos y buscará el desarrollo común de todos los involucrados. *"La Iniciativa se origina en China, pero pertenece a todo el mundo"*, dice Xi.

En el primer foro del Belt & Road en Beijing, los anfitriones resumieron el mensaje del Tianxia en un video: *"¿Qué pasa en el mundo, porque está tan mal? ¿Qué podemos hacer nosotros? China tiene una solución: una comunidad de futuro compartido para la humanidad"*.

En este contexto y para tranquilizar a los países miembros que la operación del Belt & Road será transparente, China ha puesto la operación del puerto de Gwadar en Pakistán en manos de la Autoridad Portuaria de Singapur, y ha creado dos cortes para resolver las disputas comerciales que puedan surgir a lo largo del Belt & Road.

Presidida por jueces británicos y utilizando estándares internacionales, la Corte de las disputas terrestres está en Xian, la de las disputas marítimas en Shenzhen y el cuartel general de ambas, en Beijing.

El Cinturón Económico (Belt)

Bruno Macaes sugiere que la mejor forma de comprender el concepto de "Cinturón" o corredor industrial es visualizarlo como el piso de una fábrica donde la producción y ensamble ocurren en diferentes estaciones, hasta que el producto terminado está listo para el embarque.

Si en lugar de un piso de producción visualizamos un mapa de Eurasia y si el patio de embarque lo convertimos en la terminal de un megapuerto, tenemos la idea esencial del "Belt": una serie de estaciones -que en este caso son países o regiones de un País- conectadas física y digitalmente para producir y ensamblar las diferentes partes de un mismo producto. Así, el producto se "arma" en el camino, pero cada parte se produce donde las condiciones locales presenten mayores ventajas económicas o logísticas.

Al ensamblarse o producirse parcialmente en un País, el producto no paga tarifas de importación (no es "Made in China"). Si uno de los Países sede -por ejemplo Kazakstan- pertenece a una zona de libre comercio como la Unión Económica de Eurasia (EuEc), el producto chino entra a la totalidad de los Países miembros de la EuEc -Rusia, Kyrgistán, Armenia y Bielorusia- como producto kazajo y no como importación china, lo que permite a China vender sus productos en toda la zona de libre comercio sin pagar impuestos, pese a no ser miembro de la EuEc.

Una ventaja más del Belt es llevar desarrollo y fuentes de trabajo a las provincias más remotas de China. Tradicionalmente aisladas e ignoradas por la inversión costera de las SEZs debido a su localización geográfica, estas provincias del Norte de China son ideales para exportar por tierra a Pakistán, el Cáucaso y Europa.

De paso, como veremos más adelante, el desarrollo de nuevas rutas terrestres disminuye considerablemente la dependencia China de las rutas marítimas que Estados Unidos y sus aliados pueden bloquear en caso de conflicto.

En su primera fase, el Belt & Road contempla la creación de 3 "Cinturones": El primero unirá el Norte de China con Europa a través de Eurasia y Rusia. El segundo partirá también del Norte de China pero irá hacia el Golfo Pérsico y el Mediterráneo. El tercero unirá el Sur de China con el Océano Indico por vía de la Península Indochina.

Cada uno de estos "Cinturones" estará conectado por infraestructura carretera, vías férreas, aeropuertos, infraestructura eléctrica y digital, ductos de petróleo y gas. Su punto final será un puerto de aguas profundas de la "Carretera" marítima del Belt & Road.

Los proyectos del BRI son modernos, diversos y ambiciosos: un tren de alta velocidad que une China con la costa del Mar Caspio en Irán; una granja de energía eólica en el Sindh en Pakistán; una vía férrea que conecta Mombasa en Kenya con la frontera de Uganda; un túnel bajo los Himalayas que una Katmandú con el Tibet; vías férreas en Malasia, Laos, Cambodia, Myanmar; una estación espacial en la Patagonia Argentina. Parques Industriales en Turkmenistán, Indonesia, Filipinas y Tailandia. Puertos en el Mediterráneo. Canales marítimos en islas del Sureste Asiático. Un corredor económico que cruza Pakistán, etc.

Para facilitar el tránsito de mercancías -que hoy excede los US $5 trillones anuales- los países por donde pasan los "Cinturones" han implementado la Convención TIR de la ONU, lo que permite a los contenedores sellados cruzar fronteras con el mínimo de inspecciones aduanales, agilizando así el proceso de producción y disponibilidad del producto en el punto de venta.

La Ruta de la Seda Marítima (Road)

Carretera es un nombre curioso para una ruta marítima, pero tiene lógica si se piensa que, a diferencia de los "Cinturones" que comunican regiones o estaciones de producción, la "Carretera" está diseñada para conectar dos puertos de aguas profundas sin escalas o desviaciones en el camino.

Estos puertos -Khorgos en Kazakstan, Gwadar en Pakistán, Hambantota en Sri Lanka, Kyaukpyu en Myanmar y Djibouti en el África- están al final de los "Cinturones" y conectan la porción terrestre del Belt & Road con su componente marítimo, facilitando el envío de productos terminados de la forma más económica posible.

Los puertos del B&R cuentan con terminales de gasoductos y oleoductos, mismos que facilitan la importación de energía a las regiones y parques industriales del B&R o a China misma.

Al igual que la porción terrestre, la parte marítima del Belt & Road cuenta con tres rutas: hacia el Pacífico Sur, hacia Europa y África, y hacia el Mediterráneo y Medio Oriente. Para facilitar el acceso de sus buques a los anticuados puertos mediterráneos, China ha ofrecido recursos para modernizar e incrementar la capacidad de los puertos de Estambul en Turquía, Trieste y Venecia en Italia.

En el 2016, la compañía transportista china, Cosco, tomó control del Pireo en Grecia y anunció una inversión de US $620 millones para modernizar e incrementar su capacidad.

Ahora bien, bajo la filosofía del Belt & Road, de nada sirve construir un puerto para facilitar el acceso de productos chinos a ese mercados si la población local no cuenta con recursos para comprarlos.

Y es aquí donde entra la idea del Tianxia o "comunidad de intereses" del Belt & Road pues la infraestructura buscará también conectar naciones pobres con la costa, permitiendo a China hacer outsourcing de productos de poco valor agregado -como su industria del calzado y textil- a naciones donde la mano de obra es mucho más barata.

Por lo pronto Etiopía, una de las naciones más pobres del África, será el nuevo centro textil y del calzado chino. Bajo la filosofía del Tianxia, el acceso a fuentes de trabajo en la industria manufacturera china permitirá a decenas de familias etíopes contar con una fuente de trabajo estable y recursos para comprar productos chinos. Así, el Belt & Road se predica como un gana-gana.

Finalmente, y conforme las capas polares se derritan y el Ártico se vuelva navegable, China contempla la creación de una "Ruta de la Seda Polar" para acortar hasta en 20 días el tránsito de mercancías hacia el Norte de Europa y el Continente Americano.

Los Fondos del BRI

Cuando el Partido Comunista de China convirtió al Belt & Road en su estrategia oficial a futuro, el gobierno creó bancos exclusivos para financiar la iniciativa y exigió a los bancos de inversión existentes priorizar los proyectos relacionados con el nuevo proyecto.

Creado con este propósito en el 2014, el "Fondo de la Ruta de la Seda" cuenta con US $40 billones para invertir en el Belt & Road (1 billón americano = 1000 millones). Al año siguiente apareció el Asian Infrastructure Investment Bank con un capital de US $100 billones.

El China Development Bank dispone de US $360 billones. El China Bank cuenta con US $2.4 trillones. El Industrial and Commerce Bank of China tiene US $67 billones (comparativamente, el Banco Mundial cuenta con "tan solo" US $200 billones para invertir en todo el mundo).

Todas estas instituciones prestan fondos a los países participantes en el Belt & Road con un interés menor al de los bancos de desarrollo occidental. Siguiendo con la idea del Tianxia, los créditos se otorgan siguiendo la premisa de "los 5 Nos": "No interferencia en los asuntos internos de los países solicitantes; no imposición de la voluntad China sobre dichos países; no letra pequeña solicitando favores políticos a cambio de ayuda; no buscar ganancias políticas a cambio de inversión; y no invertir sin la cooperación del país solicitante".

Esto hace a los préstamos chinos no sólo más accesibles económicamente sino también sumamente deseables para Naciones que no cumplen con los requisitos democráticos y el respeto a los derechos humanos exigidos por las instituciones occidentales.

Los préstamos son a largo plazo y deben ser cubiertos parcialmente en renminbi -la "divisa del pueblo" (mejor conocida como yuan)-, lo que eventualmente convertirá a esa moneda en la divisa oficial del Belt & Road, desplazando al dólar americano de la posición eminente que ha ocupado desde el término de la Segunda Guerra Mundial.

Un problema adicional para EU es que, según algunos analistas, el objetivo del Belt & Road no es otro que deshacerse de los trillones de dólares en bonos del Tesoro Americano que China posee y buscar mejores rendimientos políticos y económicos en el mediano y largo plazo, lo que crearía un déficit en el sector gubernamental americano.

Made in China 2025 y la Ruta de la Seda Digital

Ahora bien, si el plan de China fuera únicamente continuar siendo la sede de la manufactura global, el Belt & Road serviría para desplazar productos y marcas americanas, europeas o japonesas, beneficiando en último término a esas naciones. En ese caso, ninguna de las potencias económicas mundiales tendría razón para quejarse del Belt & Road.

El problema para Occidente es que -en paralelo a la iniciativa Belt & Road- China ha lanzado otra estrategia llamada: "Made in China 2025".

Esta parte del proyecto tiene por objetivo sustituir paulatinamente los productos "Made in China" por productos "Created in China". O, lo que es lo mismo, en paralelo a la infraestructura para desplazar su producción y conseguir recursos, el Belt & Road servirá para posicionar marcas y tecnologías chinas -de igual calidad y menor precio- como alternativa a los productos occidentales.

Así, en lugar de vender computadoras Apple manufacturadas en China, Beijing ahora promueve agresivamente su propia marca: Lenovo (antes IBM). Lo mismo ocurre con los celulares donde Huawei es el centro de una polémica cuyo objetivo es, entre otros, frenar la creciente participación de mercado de la marca china.

Para apoyar "Made in China 2025", Beijing desarrolla la llamada "Ruta de la Seda Digital" firmando contratos millonarios con los países involucrados en el Belt & Road para desarrollar la infraestructura de internet y su red de datos 5G.

Amén de plantear desafíos en cuanto a la privacidad y uso de los datos de los usuarios y el ciberespionaje, la "Ruta de la Seda Digital" es un claro intento de desplazar a EU como líder del comercio electrónico y beneficiar al gigante de ventas al menudeo chino, Ali Baba. Un reto adicional para el status quo es que las cripto-divisas y no el dólar, serán el método de pago preferido en dichas plataformas.

Para acelerar la generación de marcas propias y cumplir con la meta del 2025, China ha adquirido decenas de compañías en Europa y Asia, facilitando la transferencia de patentes y tecnologías a su territorio. También ha establecido centros de Investigación y Desarrollo en Universidades alrededor del mundo bajo el entendido que los productos o tecnologías desarrollados en los laboratorios académicos son propiedad de China.

Aunque bienvenida en gran parte del mundo subdesarrollado, toda esta actividad ha levantado oposición y sospechas de las potencias económicas vigentes o aspirantes. Quizá tardíamente y cada una a su modo, las naciones occidentales han comenzado a buscar una estrategia para frenar los planes de China.

Desgraciadamente, como señaló el Ministro de Relaciones Exteriores de Alemania, Sigmar Gabriel, Occidente no sólo no tiene una estrategia comparable, sino que la filosofía unilateral e impositiva de las potencias occidentales ya no es atractiva: "*Actualmente China parece ser el único País del mundo con un concepto genuinamente global y geoestratégico... Nosotros, Occidente, no tenemos una estrategia propia para encontrar un balance global de los intereses del mundo, un balance que esté basado en la conciliación y un valor agregado común, y no el juego suma cero que es la persecución unilateral de intereses*".

El éxito de China y las medidas para frenarlo han incrementado la tensión geopolítica y la posibilidad de una guerra entre las superpotencias pero, detener a China es algo que ya luce imposible, máxime cuando en Occidente impera la retórica de las barreras y la exclusión.

ZHONGGUO MENG: EL SUEÑO DE UNA NACIÓN FUERTE

Aunque en épocas de paz se olvide, el dominio del comercio mundial siempre ha estado respaldado por el músculo naval. Tras llegar en son de paz a negociar concesiones en la India, los británicos armaron a los barcos de la East India Company para impedir el ingreso de otras potencias europeas al Océano Índico y acabaron apoderándose de aquel País. En los talones de la marina mercante norteamericana en el Lejano Oriente iban los barcos de guerra del Comodoro Perry que sometieron a Japón a los "Tratados Desiguales" para reinar comercialmente sobre el Pacífico.

China no es la excepción: en paralelo al desarrollo mercados, el Belt & Road incluye una estrategia para expandir y proteger el paso de navieras chinas por las rutas del comercio mundial. El proyecto, que contempla el dominio chino sobre lo que Beijing denomina el *"jinhai"* -el mar cercano-, previo al despliegue de su poderío naval en los mares intermedios y lejanos, ha causado alarma en la India, entre los vecinos del coloso asiático y ha puesto a Beijing en la mira de Washington.

Sin embargo, tal como señala el periodista americano Robert D. Kaplan, no hay nada ilícito o inherentemente belicoso en el deseo chino de desarrollar una Marina capaz de patrullar las rutas comerciales y petroleras de las que depende la Nación. Pero en un orden mundial creado a imagen y conveniencia de Washington, el proyecto se ha interpretado como la realización de la amenaza napoléonica: China ha despertado y está dispuesta a hacer temblar al mundo.

La Cuarta Modernización

La advertencia de Jiang Zemin sobre la necesidad de aprovechar la ventana de 20 años de buenas relaciones con EU para fortalecer a China no cayó en oídos sordos: promovido por Deng Xiaoping a la cumbre del Partido, Hu Jintao no tuvo objeción en seguir la línea de un predecesor cuyas políticas le entregaron una China próspera, con un 11% de crecimiento anual.

Pero la invasión de Estados Unidos a Iraq en el 2003 hizo al Partido Comunista Chino replantearse las prioridades del primer periodo de gobierno de Hu Jintao (2002-2007). Por un lado, la agresión americana a Iraq reveló al mundo que Estados Unidos estaba dispuesto a intervenir militarmente para defender sus intereses comerciales al margen de las leyes y organismos internacionales.

Por otro lado, la facilidad con que las fuerzas americanas derrotaron al ejército de Saddam Hussein, el cuarto más grande del mundo curtido en más de una década de guerra, generó malestar y preocupación en la cúpula del Partido y las Fuerzas Armadas Chinas.

Para Hu Jintao y la dirigencia de las Fuerzas Armadas Chinas quedó claro que era tiempo de llevar a cabo la Cuarta Modernización -la de la Defensa Nacional- truncada por los eventos de Tiananmen.

Con una balanza comercial favorable de unos US $260 billones y una China cada vez más dependiente de insumos, energía y mercados foráneos, Hu no tuvo que convencer a nadie de la necesidad de priorizar la Defensa Nacional.

Por esta vía, el Programa Nacional de Alta Tecnología creado originalmente por Deng, regresó a los primeros renglones del presupuesto. Conocido como el P863, el Programa Nacional de Alta Tecnología proponía invertir fuertes sumas de dinero en el desarrollo de "tecnologías duales" con aplicaciones civiles y militares.

Mantenido a flote a lo largo de los 90s, el P863 no contemplaba la construcción de armas convencionales, químicas o nucleares -mismas que China ya poseía- sino el desarrollo de nuevas tecnologías para explotar las vulnerabilidades de los enemigos potenciales de China.

En la era Hu, con bríos renovados y un presupuesto millonario, el P863 fue puesto bajo la responsabilidad del Almirante Luo Yuan. Conocido por su pertenencia a la belicosa facción de los *"jinpai"* -partidarios abandonar el perfil bajo de Deng y exigir respeto mundial acorde al nuevo poderío chino- Luo estudió cuidadosamente las estrategias militares de EU durante las guerras de George Bush Jr para desarrollar armas capaces de neutralizar las innovaciones estratégicas y tecnológicas americanas.

Bajo la doctrina de la "guerra irrestricta" de Luo, China desarrolló armas y operaciones diseñadas para *"paralizar la capacidad del enemigo de llevar a cabo una campaña"*. O, en palabras del General Sir Nick Carter del Ejército Británico, lo que Beijing se dedicó a desarrollar son *"armas que no necesariamente hacen 'bang'"*.

Aunque difícil de probar por la naturaleza de la estrategia militar, los analistas creen que China ha desarrollado modernos sistemas de radar capaces de detectar aviones Stealth americanos; pulsos electromagnéticos llamados "carrier killers" (asesinos de portaaviones) para quemar los circuitos de los sistemas de navegación y defensa de los portaaviones enemigos; armas microondas capaces de dañar temporal o definitivamente el cerebro humano.

Además, la doctrina de la "guerra irrestricta" incluye estrategias financieras y cibernéticas para crear caos en las ciudades, aeropuertos y mercados mundiales. En el 2007, China demostró su capacidad de derribar exitosamente uno de sus satélites obsoletos en el espacio utilizando tecnología láser, una clara advertencia que los satélites enemigos -de los que dependen las comunicaciones, el GPS y la tecnología smart- no están a salvo de Beijing.

Al mismo tiempo, con la desaparición de la Unión Soviética -cuya rivalidad obligaba a Beijing a mantener un nutrido ejército terrestre- China volvió su mirada a los mares.

Y es que en el Sudeste Asiático, China fue alguna vez una potencia marítima. Entre 1405 y 1433, poco antes de la llegada de los portugueses, los *bao chuan* o "barcos del tesoro" del Almirante eunuco Zheng He surcaban los mares desde Cantón al Golfo Pérsico intercambiando sedas, vajillas laqueadas, porcelana y arte por incienso de Yemen, perlas de Omán, marfil africano, maderas mediterráneas, hierbas medicinales árabes y joyas persas.

Tras la llegada de los portugueses, los comerciantes

chinos se convirtieron en intermediarios del comercio entre el Océano Índico y el Pacífico cumpliendo, sostiene Kaplan, la misma función que los judíos de Europa y atrayendo a sus comunidades idénticas dosis de prosperidad y odio. Por designios de la dinastía Qing y ante la superioridad tecnológica de los europeos, China renunció a su dominio marítimo.

Pero en Diciembre del 2006, dentro del programa de la Cuarta Modernización Hu encomendó a la dirigencia y egresados de la Academia Naval *"la gloriosa misión de construir una Marina capaz de defender los intereses de China en cualquier momento"*. En la década siguiente, esta misión se tradujo en la adquisición y construcción de barcos de guerra, aviones, armas de alta precisión, así como una flotilla de submarinos convencionales y nucleares para defender las rutas comerciales de China.

Continuada por el sucesor de Hu Jintao -Xi Jinping- la Cuarta Modernización ha dotado a la Marina China de dos portaaviones de la clase Liaoning construidos cabalmente en su territorio y dos submarinos nucleares. En total, la Flota China cuenta hoy con unos 500 buques de diferentes denominaciones y 76 submarinos, cifra similar a la Marina de EU que cuenta con 490 buques y 68 submarinos, aunque los EU tienen clara ventaja con 9 portaaviones clase Nimitz y 14 submarinos nucleares (Datos de Global Firepower).

En palabras de Xi Jinping, el objetivo de la Cuarta Modernización es "Zhongguo Meng", realizar el sueño de ver a una China fuerte, con Fuerzas Armadas capaces de "pelear y ganar guerras". Dicho de otra forma: si el mundo se torna hostil a sus intereses, como predijo Jiang Zemin, China estará lista para defenderse.

El Dilema de Malaca

Allá por el Siglo 15 cuando Portugal dominaba el comercio entre Oriente y Occidente, el boticario y viajero de Lisboa, Tome Pires escribió: *"Quien controla el Estrecho de Malaca, tiene las manos sobre la garganta de Europa"*.

Hoy el dicho puede repetirse, pero la garganta que peligra es la de China. Con sus 900km de largo, el Estrecho de Malaca es el embudo que conecta el Océano Índico con el Océano Pacífico. En este lugar -entre la Península de Malasia y la isla de Sumatra- convergen todas las rutas marítimas que conectan el Golfo Pérsico y el Mar de Arabia con las Naciones del Sudeste Asiático.

Por aquí fluye el petróleo y gas destinado a alimentar a tres de las economías más dinámicas de Asia -China, Japón y Corea del Sur- y por aquí transitan a diario centenares de contenedores de productos chinos destinados a los centros comerciales de los países petroleros del Golfo.

Para Beijing, Malaca es el "canal de Panamá", una vía por donde obtiene 85% de su petróleo y por donde pasa cerca de US $5 trillones de su comercio. Desafortunadamente para Beijing -con apenas 18 km de ancho en su extremo sur- Malaca puede ser fácilmente bloqueada en caso de guerra, estrangulando el comercio como hicieron los portugueses en el siglo 15. De ahí que en el 2006, Hu Jintao solicitara a las Fuerzas Navales trabajar en una solución para el "dilema de Malaca".

En cierto sentido, el B&R es la solución a dicho dilema. Como señala Robert D. Kaplan, existen dos alternativas a la disyuntiva de Malaca: construir un pasaje marítimo alterno o traer el gas y petróleo del Medio Oriente por vías terrestres. En el marco del B&R, el canal por el istmo de Kra, Tailandia, en el que China ya ha invertido US $20 billones responde a la primera solución. Los oleoductos y gasoductos que corren por el Corredor Económico entre el puerto de Gwadar en Pakistán y China corresponde a la segunda.

Aunque soluciona parcialmente el dilema, el B&R crea una mayor dependencia del Estrecho de Malaca, toda vez que los nuevos mercados que China ha abierto en los países del B&R suponen a Beijing mayor consumo de gas y petróleo así como un mayor intercambio de productos con los países del Medio Oriente. De ahí la necesidad de Beijing asegurar su acceso al Estrecho de Malaca mediante la disuasión militar.

La Disputa del Mar del Sur de China

Hasta el 2013 Beijing enfatizó el carácter pacífico de sus intenciones, argumentando que su participación en los foros del comercio y política global eran *heping jueqi*, un "Surgimiento Pacífico".

Pero en el 2013, en paralelo al anuncio del Belt & Road Initiative, satélites norteamericanos detectaron la construcción de islas artificiales en el Mar del Sur de China. Cuando en el 2014, pese a aseverar que las islas no serían militarizadas, Beijing dio luz verde a la construcción de pistas de aterrizaje y colocó misiles tierra aire en las islas, EU supuso que el objetivo de Beijing era controlar el tráfico marítimo de la zona.

Enarbolando la bandera la libertad de navegación, Washington convocó a las naciones de Asia Pacífico a llevar a cabo ejercicios navales diseñados para advertir a Beijing contra cualquier tipo de interferencia en el Mar del Sur de China.

La disputa del Mar del Sur de China se centra sobre las Islas Paracel y Spratly situadas en su centro. Equidistantes de las costas de China y Vietnam (350km) las Islas Paracel son 14 islas diminutas divididas en dos grupos: Amphitrite y Crescent. Al sur de las Paracel -casi en el centro del Mar- están las Spratly que se conforman por unos 96 bancos de arena habitados originalmente solo por aves marinas.

Las rutas marítimas que convergen en el Estrecho de Malaca desde el Pacífico, el Mar del Este y el Mar del Sur de China, bordean a las Paracel y las Spratly.

Debido a su localización estratégica, ambos archipiélagos fueron reclamados por los españoles, portugueses, franceses, británicos y chinos. Tras el ataque a Pearl Harbor, los japoneses usaron ambos archipiélagos para vigilar la seguridad de sus conquistas en la zona. Pero para 1946 ninguna de las islas Paracel o Spratly estaba habitada.

A partir de entonces y basándose en documentos coloniales, varias naciones afirman haber heredado las Spratly y/o las Paracel de sus amos coloniales: China y Taiwán dicen haber recibido las islas de la China Imperial; Vietnam de Francia, Malasia de los británicos, Filipinas y Brunei de España, Indonesia de los holandeses.

Pero estos argumentos no son decisivos, pues las naciones que se disputan las islas son integrantes de UNCLOS (Convención de las Naciones Unidas Sobre la Ley Marítima), por lo que no pueden reclamar la propiedad de una isla, atolón o banco de arena en base a argumentos históricos (lo que daría a las potencias coloniales mayores derechos que a los países más cercanos).

Aún así, y tras años de mantener una ambigüedad deliberada sobre la propiedad de las islas, en Mayo del 2009 -como parte de su solución al dilema de Malaca- Beijing presentó a la Comisión de los Limites de la Plataforma Continental (UN CLCS) un antiguo mapa reivindicando la propiedad de ambos archipiélagos.

El mapa -que data de la dinastía Qing- tiene trazada una línea de 9 guiones alrededor de los archipiélagos y, dice Beijing, es prueba que las islas pertenecían a China. Cobijados por este argumento, en el 2013, gigantescos barcos chinos comenzaron a dragar arena del fondo del océano para expandir la superficie de varias de las Spratly y convertirlas en islas artificiales permanentes

Más allá del territorio -deleznable si se toma en cuenta que Woody, la mayor de las Paracel, mide apenas 2km de largo por uno de ancho- su valor e interés para China deriva de los recursos pesqueros, yacimientos submarinos de gas y petróleo y las rutas de comercio marítimo que atraviesan la zona.

Según UNCLOS, las naciones que poseen islas tienen derechos territoriales y una Zona Económica Exclusiva (EEZ) alrededor de ellas. Esto significa que el País "propietario" de una isla puede regular el tránsito aéreo, marítimo y submarino en un radio de 12 millas náuticas (22 km) y tiene derechos exclusivos para explotar los recursos -pesqueros, terrestres o submarinos- en un radio de 200 millas náuticas (370 km).

De reconocerse los "derechos de navegación" que China reivindica para sí alrededor de las Paracel y Spratly, Beijing estaría en posición de permitir o bloquear a voluntad la ruta por la que pasa un tercio del comercio mundial y dos tercios del gas y petróleo.

Pero, amén de que varios países tienen argumentos válidos para reclamar algunas de las islas para sí, el argumento de Beijing deliberadamente ignora que las rocas, arrecifes, atolones y bancos de arena no generan los mismos derechos de tránsito o económicos que una isla. Para UNCLOS, al margen de lo que se construya sobre ellas, ni las Paracel ni las Spratly generan derechos de tránsito o una Zona Económica Exclusiva.

Pero Beijing insiste porque el pasaje del Mar del Sur de China representa un 40% de sus exportaciones y un 85% de sus importaciones petroleras. Además -según estudios geológicos realizados por Beijing- en la Zona Económica Exclusiva de las islas existen yacimientos petroleros y de gas suficientes para convertir el Mar de Sur de China en un "segundo Golfo Pérsico".

Por estas razones -y su conexión al "Dilema de Malaca"- en el 2010 Beijing declaró al Mar de Sur de China uno de sus "intereses medulares". El anuncio alarmó a Washington, toda vez que en el lenguaje de Beijing "interés medular" es sinónimo de disposición a usar la fuerza (el Tibet y Taiwán son también "intereses medulares").

Pese a las protestas de los países de la región, en el 2014 China comenzó a militarizar las islas artificiales. Se construyeron pistas de aterrizaje para aviones caza, se instalaron poderosos radares, barracas y misiles SAMs convirtiendo a las Spratly y Paracel en lo que el General McArthur alguna vez llamó "portaaviones imposibles de hundir" como Taiwán o el atolón de Midway que sirven a los intereses de EU.

Ese año, China también comenzó a restringir el acceso a

los buques pesqueros de otras naciones de la zona, obligando a Filipinas a presentar una queja en el Tribunal Permanente de la Haya en el 2016. El Tribunal no sólo reconoció los derechos de otras naciones a los recursos pesqueros, minerales y energéticos de las Spratly y Paracel, sino que declaró nulo el argumento chino para controlar la navegación o reclamar exclusividad de recursos basado en islas artificiales.

Beijing enfureció con el fallo y acusó a los organismos internacionales de hacer la voluntad de EU, lo que a su vez detonó un incremento de 150% en gastos de armamento entre las naciones de la zona y la realización de simulacros navales conjuntos para frenar las ambiciones de Beijing.

El Collar de Perlas

En la Ruta de la Seda original, la seguridad de viajeros y mercancías era responsabilidad de China. En la Iniciativa Belt & Road, China también ha asumido la responsabilidad de asegurar el libre tránsito de bienes y personas contra actos de vandalismo, hurto, sabotaje, terrorismo o sanciones internacionales.

En Pakistán, socio por excelencia de China en el Belt & Road, ambas Naciones han creado una fuerza de 15 mil efectivos para proteger la infraestructura del BRI contra ataques de extremistas islámicos que buscan desestabilizar al País y crear las condiciones para su jihad. El terrorismo también ha servido de excusa para la campaña de represión masiva que Beijing ha desatado contra la población islámica de China, los Uigur.

En Djibouti, en el cuerno de África, Beijing inauguró en el 2017 su primera base militar en el extranjero. Situada en

Doraleh, la base se une a las de otras potencias -Japón, EU, Francia- que vigilan el crucial estrecho de Bab el-Madeb que comunica el Mar de Aden con el Mar Rojo.

El motivo aducido por Beijing para justificar su nueva política naval no es otro que la errática conducta de Trump. Tal como argumenta Xi Jinping, la construcción de bases militares en lugares estratégicos no obedece a una intención de impedir el tránsito del comercio mundial, lo que sería suicida para China.

El despliegue militar de China -dice Beijing- tiene el objetivo de defender la libertad de navegación de todas las naciones del mundo. Hasta ahora los EU han patrullado las rutas comerciales con éxito, pero para Beijing, dejar la seguridad de su yugular económica en manos de su principal rival comercial ya no es opción.

Curiosamente, el mismo argumento que China ha esgrimido con éxito para justificar su interés en las islas Spratly y Paracel, así como en las Senkaku en el Mar del Este, es el que la India esgrime para objetar la creciente presencia china en el Océano Índico.

Al igual que China, la India es hoy una de las naciones más populosas del mundo y también está en proceso de convertirse en una de las potencias económicas mundiales. Limitada al Noreste por China y al Noroeste por Pakistán, la India ha seguido con alarma los avances de la Iniciativa Belt & Road.

En particular, la India objeta la estrategia con la que China ha adquirido bases navales en lo que Delhi considera su propio mar: el Índico. Según Delhi, disimulado por la inversión en los puertos comerciales del Belt & Road, Beijing está creando un "Collar de Perlas" -una serie de bases navales- estratégicamente elegidas para rodear a la India y estrangular las rutas comerciales que unen el Índico con el Pacífico.

Para Delhi, el plan de China es brutalmente simple: Beijing ha invertido en enormes proyectos de infraestructura portuaria en países que a la larga no podrán pagar su deuda: Bangladesh, las Maldivas, Sudan, Tanzania, Malasia y Sri Lanka. Cuando dichos países se declaren en moratoria de pagos, Beijing reestructurará su deuda, canjeando una parte por el derecho de operar el puerto por un periodo de 99 años.

Según Delhi, la estrategia -efectivamente utilizada por Beijing en el puerto de Hambantota en Sri Lanka- permitirá a China desplegar submarinos y fuerzas navales para patrullar el tránsito comercial entre el Océano Pacífico y el Océano Índico, rodeando efectivamente a la India.

Pese a que el semanario The Economist no encontró evidencia que los proyectos portuarios de China tengan un componente militar, la hipótesis del "Collar de Perlas" ha detonado una carrera armamentista que -según el Stockholm International Peace Research Institute (SIPRI)- en el 2018 alcanzó la cifra récord de US $1.8 trillones en gastos de defensa global.

También, la posibilidad de que China pueda bloquear los estrechos de Hormuz, Lombok, Mandeb o Malaca o exigir privilegios para sus barcos comerciales en los puertos en los que ha invertido, han llevado a EU, Japón, Australia y la India a anunciar su propio proyecto en el Indo-Pacífico para competir con el Belt & Road.

EPÍLOGO

Para Washington, el desafío del Mar de Sur de China aunado a la Iniciativa Belt & Road indican que el objetivo último de Beijing es desplazar a Estados Unidos de su posición eminente como superpotencia comercial, política y militar del mundo.

Pero ahí donde la Administración de Barack Obama (2008-2016) proponía contener a China por la vía del "soft power" (poder suave) de la diplomacia, las alianzas y los pactos comerciales con otras naciones del Pacífico (como el Trans-Pacific Partnership), la Administración de Donald J. Trump (2016-) ha optado por ejercer el bullying y detonar una guerra comercial que fácilmente puede escalar a enfrentamiento bélico.

Desde sus días como candidato del Partido Republicano a la Presidencia, Donald J. Trump apostó por una política belicosa, intolerante e intransigente hacia China (y el resto del mundo). A lo largo de su campaña presidencial, Trump no dejó de acusar a China de "estafar a EU", "robarles a los americanos como nunca nadie lo ha hecho" y señalar la balanza comercial entre las dos naciones como la causa principal de los males americanos.

Como el propio Trump -ya electo- reconoció, el déficit de la balanza comercial con China fue *"probablemente la principal razón por la que fui elegido"*. Lo que Trump y su Secretario del Comercio Peter Navarro, - quien antes de su nombramiento escribió varios libros sobre las "próximas guerras comerciales con China", mismas que ahora se encarga de provocar- se niegan a reconocer es que el principal beneficiario de ese déficit comercial fue el consumidor americano.

En palabras del Senador Mark Warner: no fue China, sino *"las empresas americanas en su implacable búsqueda de ganancias, las que se prostituyeron"* llevándose los empleos al extranjero.

Ahora, bajo la lógica de "America First", Washington intenta convencer a su electorado y al mundo que el surgimiento de China es una amenaza que debe ser "detenida a toda costa". Así lo advierte la Estrategia de Seguridad Nacional del 2017.

Por eso, el 6 de Julio del 2018, apenas pasada la crisis de los misiles Norcoreanos en la que necesitaba la colaboración de Beijing, Trump anunció la imposición de aranceles del 25% a US $34 billones de productos chinos.

Desde entonces, las desavenencias entre las superpotencias se han multiplicado: China impuso sus propias tarifas sobre bienes americanos y Estados Unidos ha respondido elevando en dos ocasiones los aranceles: en Septiembre del 2018 a US $200 billones de productos y el 5 de Mayo del 2019 a otros US $250 billones.

Amén de conducir a un callejón sin salida arancelario que en el mediano plazo afectará la economía mundial y los bolsillos de los consumidores americanos, la estrategia de Trump viola acuerdos internacionales vigentes y presenta la imagen de un bully global dispuesto a usar la fuerza para someter al mundo a su conveniencia.

Para las naciones antagónicas a Washington como Rusia, China, Irán, Corea del Norte o, más recientemente Pakistán y Turquía, la política de "America First" confirma que el orden internacional y sus organismos -la ONU, la OMC, el BM, la FMI la IAEA, etc- son ficciones que los americanos sólo respetan mientras sirvan a sus intereses. De ahí que decenas de gobiernos y dictadores hoy consideren justificado desobedecer a las leyes y organismos que han mantenido el orden global desde la Segunda Guerra Mundial.

Como declaró recientemente el Presidente del Consejo Europeo, Donald Tusk: lo que hoy preocupa *"es que el orden internacional basado en reglas no está siendo socavado por tiranos y dictadores, sino por su principal arquitecto y garante: los Estados Unidos"*.

Esta percepción de que EU está minando los pilares del orden internacional, ha alineado los intereses de las naciones antagónicas a Washington y ha dado mayor credibilidad a la propuesta de Putin y Xi Jinping de crear un Nuevo Orden Mundial donde los organismos y mecanismos internacionales no estén dominados por los intereses americanos.

De hecho, el alineamiento de Beijing y Moscú con las naciones antagónicas a Washington propiciado por Trump, socava partes cruciales de la agenda geopolítica americana. En particular, la alianza anti-Washington debilita el esfuerzo de la no-proliferación nuclear que Trump pretende imponer por vía de sanciones económicas a Pyongyang o Teherán.

Y es que la arrogante unilateralidad del "America First"

abre la posibilidad para que otras naciones adopten la misma lógica. En un mundo donde se valoran exclusivamente los intereses comerciales, nadie tiene la autoridad moral para impedir a otras naciones seguir comerciando entre ellas si esto les beneficia.

A falta de diplomacia y soft power para atraer y convencer al mundo de seguir su liderazgo, a EU con Trump sólo le queda el poder coercitivo de la amenaza -económica o militar- para conseguir sus fines. Pero el poder coercitivo no funciona entre las Naciones poderosas, ni en un orden mundial -como el actual- donde varias potencias globales o regionales reclaman protagonismo.

Como declaró en el 2017 el Ministro de Relaciones Exteriores de Turquía, Mevlüt Çavuşoğlu: *"Irán es un buen vecino y tenemos nexos económicos y comerciales que no vamos a cortar porque otros países nos lo digan"*.Otros países coinciden con Ankara, lo que posibilita a Teherán y Pyongyang a encontrar fuentes alternas de capital y vínculos comerciales que limiten el efecto del embargo americano.

Washington no ignora la posibilidad de que otras naciones se nieguen a hacer su voluntad. Por eso, en el 2017, el Congreso de EU promulgó el "Acta para Combatir a los Adversarios de America a Través de Sanciones" (CAATSA), un documento que autoriza a EU a sancionar comercialmente a cualquier Nación que le desobedezca.

Pero esta preferencia por la coerción sobre la persuasión genera aún más resistencia a dejar el destino mundial en las manos de Washington. O, lo que es lo mismo, el poder coercitivo de los EU bajo Trump está impulsando a más Naciones a replantear su política exterior en términos favorables a China.

Ejemplos de la creciente resistencia al poder intransigente y unilateral de Trump abundan. La promulgación de CAATSA causó pérdidas millonarias a Francia, cuya compañía Total tuvo que renunciar a un contrato de US $4.8 billones para desarrollar el yacimiento iraní de gas natural en Pars, encendiendo el debate sobre la política exterior del gobierno de Emmanuel Macron.

Además de alienar y ofender a naciones aliadas, la demostración de fuerza de Washington también ha beneficiado económica y militarmente a sus principales rivales: Tras el anuncio de la cancelación del acuerdo con Total para desarrollar Pars, la China National Petroleum Company anunció que ellos realizarían el proyecto iraní.

En el 2018, Turquía prefirió incurrir en la ira y sanciones de la OTAN antes que renunciar a su plan de comprar el sistema anti-misiles S-400 de Rusia.

Incluso la Unión Europea -incondicional aliada de EU- activó un estatuto dejando sin efecto las sanciones contra Irán que afectarían € 7.5 billones en importaciones de energía y € 10.8 en exportaciones: *"Tenemos la obligación de proteger los negocios Europeos"*, declaró el Presidente de la Unión Europea Jean-Claude Juncker, *"debemos actuar ahora y lo haremos"*.

Si bien es cierto que el poderío económico, político y militar de Estados Unidos aún amedrenta y obliga a la mayoría de las naciones a someterse a la voluntad de Washington, cada vez más países apoyan el surgimiento del Nuevo Orden Mundial propuesto por Beijing bajo la esperanza ser tratados como iguales, tal como promete la estrategia del Belt & Road.

BIBLIOGRAFÍA

Brown, Kerry. *CEO China. The Rise of Xi Jinping.* I.B Tauris and Co, London, 2016.

Chang, Iris. *The Rape of Nanjing. The Forgotten Holocaust of World War II.* Basic Books, 2011.

Christensen, Thomas. *The China Challenge. Shaping the Choices of a Rising Power.* Norton and Company, London, 2015.

Gleeson, Janet. *The Arcanum. An Extraordinary True Tale,* Warner Books, 1998.

Economy, Elizabeth. *The Third Revolution. Xi Jinping And The New Chinese State,* Oxford Univerity Press, 2018.

Fenby, Jonathan. *Modern China. The Fall and Rise of a Great Power, 1850 to the Present,* Harper Collins, NY, 2008.

Frankopan, Peter. *The Silk Roads. A New History of the World.* Bloomsbury Publishing, NY, 2015.

Frankopan, Peter. *The New Silk Roads, Present and Future of the World.* Blommsbury, NY, 2018.

Hayton, Bill. *The South China Sea. The Struggle for Power in Asia.* Yale University Press, 2014.

Kaplan, Robert, D. *Monsoon. The Indian Ocean and the Future of American Power,* Random House, NY, 2010.

Kaplan, Robert. *Asia's Cauldron. The South China Sea and the End of a Stable Pacific.* Random House, NY, 2014.

Kaplan, Robert, D. *Marco Polo's World. War, Strategy and American Interests in the 21st Century.* Random House, 2018.

Lambert, Andrew. *Seapower States. Maritime Culture, Continental Empires and the Conflict that Made the Modern World,* Yale University Press, Wales, 2018.

Levanthes, Louise. *When China Ruled the Seas. The Treasure Fleet of the Dragon Throne, 1405-1433.* Open Road, NY, 1994.

Macaes, Bruno. *One Belt, One Road: A Chinese World Order.* Oxford University Press, NY, 2018.

Nathan, Andrew; Link, Perry; Orville Schell: *The Tiananmen Papers. The Chinese Leadership's Decision to Use Force Against Their Own People in Their Own Words,* Abacus, 2002

Pantsov, Alexander. *Deng Xiaoping. A Revolutionary Life.* Oxford University Press, NY, 2015.

Pillsbury, Michael. *The Hundred Year Marathon. China's Secret Strategy to Replace the US as Global Superpower,* Henry Holt, NY, 2015.

Stavridis, James. *Sea Power: The History and Geopolitics of the World's Oceans,* Penguin, New York, 2017.

Terrill, Ross. *The Life of Mao.* New World City, 2015.

Yoshihara, Toshi and Holmes, James. *Red Star Over the Pacific. China's Rise and the Challenge to U.S Maritime Strategy,* Naval Insititute Press, Annapolis, 2010.

Wasif Khan, Sulmaan. *Haunted by Chaos, China's Grand Strategy From Mao Zedong to Xi Jinping,* Harvard University Press, Cambridge, 2018.

TRAS BAMBALINAS:

Claudia Ruiz Arriola: Es Licenciada en Administración y Mercadotecnia por la Universidad Panamericana y Doctora en Filosofía por la Universidad de Navarra.

Fue Profesora en la Universidad Panamericana y el Tecnológico de Monterrey y Chief Learning Officer en Flextronics International. También fue editorialista del Grupo Reforma y es Co-Fundadora de Sensei Training Systems, S.C. y Samizdat Editores.

Desde hace más de dos décadas decidió evitar la burocracia educativa y sus limitaciones para convertirse investigadora independiente en materia de Humanidades.

Ha publicado 8 libros sobre Geopolítica, Historia de la Filosofía, Historia de la Religión e Historia del Mediterráneo.

Sus pasiones incluyen ver y jugar tenis, el fútbol Europeo (de corazón blaugrana y fan de Messi), los libros (impresos o electrónicos da igual: lo que importa son las ideas), la filosofía de Aristóteles (con quien mantiene una relación de 3 décadas) y de Heidegger (romance más reciente) y la música de Beethoven.

Los perros la hacen muy feliz, así como el chocolate oscuro, el café, los días lluviosos, la cerveza, los viajes y la tecnología (entre otros...).

No tiene cuentas de medios sociales por decisión deliberada.

PARA SABER MÁS:

Libros de Claudia que se Pueden Encontrar en Amazon.com.mx en versiones electrónica e impresa.

Filosofía:

Grandes Pensadores de Occidente 1: De los Presocráticos al Medievo.

Grandes Pensadores de Occidente 2: Del Renacimiento a la Posmodernidad

No Hay Excusas!: La Filosofía de la Existencia

Geopolítica:

El SIglo 20: De la Primera Guerra Mundial a la Guerra Fría (1914-1948)

El Siglo 20: De la Fundación del Estado de Israel a la Guerra del Líbano (1948-1975)

El Siglo 20: De la Revolución Islámica de Khomeini a la Primavera Árabe (1978-2011)

Historia:

La Búsqueda de la Inmortalidad: Mitos y Religiones del Mundo

Mediterráneo!: Historia, Mitos y Leyendas

Colección Samizdat:

The Short Crazy History of Tequila

La Jihad Islámica, ¿Una Guerra Santa?

SAMIZDAT EDITORES

¿Que es Samizdat Editores?

Quien se dedica a la vida intelectual, dijo alguna vez Sir Karl Popper, *"tiene el privilegio y oportunidad de estudiar. A cambio, debe presentar a la sociedad los resultados de sus estudio lo más simple, clara y modestamente que pueda"*.

Basados en esa filosofía, hemos creado Samizdat Editores con el objetivo de ofrecer obras cortas que proporcionen al lector de manera **clara, concisa y oportuna** los antecedente religiosos, políticos, filosóficos, sociológicos e históricos para comprender el mundo de hoy.

Made in the USA
Columbia, SC
25 May 2020